卵・乳製品・白砂糖をつかわない

やさしい
ヴィーガン
焼き菓子

roof
今井ようこ

河出書房新社

はじめに

この本は、
マクロビオティックの料理教室「roof」で
特に人気のある“焼き菓子”のレシピを集めました。
本書のために開発した新作もたくさんあります。

本書に登場するお菓子はすべて、
卵、バター、牛乳、生クリーム、白砂糖を使わずに作れます。
ですから、食後感は軽く，
体への負担が少ないスイーツです。

卵やバターを一切使わない植物性の材料のみで作るお菓子というと、
素朴であっさりしたものなんだろうな……と思われる方も多いようですね。
でも「roof」の、ナッツやスパイス、ハーブ、フルーツを組み合わせた、
コクがあり、時にふんわりした食感のお菓子を食べられると
「これは本当に植物性の材料だけで作ったの？」と驚かれます。
お菓子を作っていて、まさに、嬉しい瞬間のひとつです。

そうそう、
「roof」では、お菓子作りそのものが初めてという方も、珍しくありません。
でも、皆さん失敗せずに、おいしく作れます。
なぜって、植物性の材料のみで作るお菓子は、
バターや卵を室温に戻す手間や、卵とバターを分離させないための初心者には難しいコツなどが
一切必要ないからなんです。

この本に登場するレシピのベースは、
1　粉類を混ぜる。
2　水分や油分を混ぜる。
3　1と2を混ぜる。
4　混ぜたものを型に入れて焼く。
と、とってもシンプル。

これを元に少しアレンジするだけなので、初めてさんでも上手に作れるんですよ。

おいしい焼き菓子が食べたい、
体にやさしい植物性食材のみで作ったお菓子に興味がある、
お菓子作りにトライしてみたい、
そんな方に、ぜひ、お役立ていただきたい一冊です。

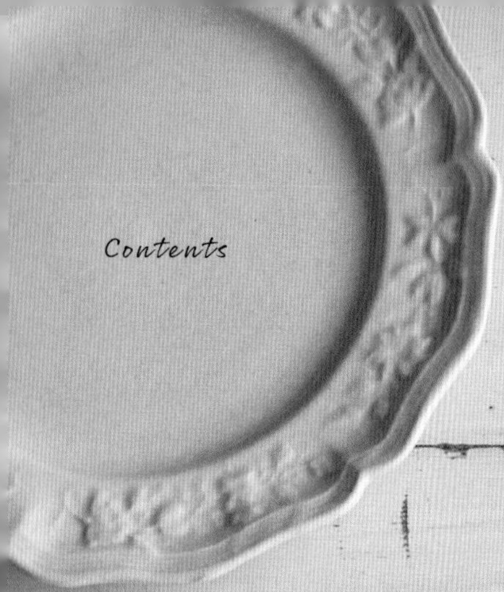

Contents

Class1

Muffin & Cupcake & Scone

マフィンとカップケーキとスコーン

Class2

Tarte

タルト

Class3

Pound Cake & Cake

パウンドケーキとケーキ

Class4

Cookie

クッキー

Class5

Cocotte Dessert

ココットデザート

| この本のルール |

◎１㎖＝１cc
◎大さじ1＝15㎖、小さじ1＝５㎖
◎１カップ＝200㎖
◎オーブン使用の場合、基本的に、電気でもガスでも本書のレシピ通りの温度と時間で焼いてください。ただし、メーカーによって火力が違うので、様子を見ながら温度は５℃前後、時間は５分前後、調整してください。

基本のクランブルの作り方（共通）

クランブル（Crumble）とは、英語で、細かく砕く、ほろほろとした状態に崩れる、という意味です。一般的には砂糖、バター、小麦粉で作りますが、本書ではてんさい糖とアーモンドプードル、オイル、小麦粉で作ります。紹介するのは基本のクランブル。これに他の材料を加えてアレンジするレシピもあります。

｜材料｜

A
- 全粒薄力粉 … 10g
- 薄力粉 … 10g
- アーモンドプードル … 10g
- てんさい糖 … 10g

植物性オイル … 大さじ1程度
※当日使用する粉類の乾燥具合によって変わる。

｜作り方｜

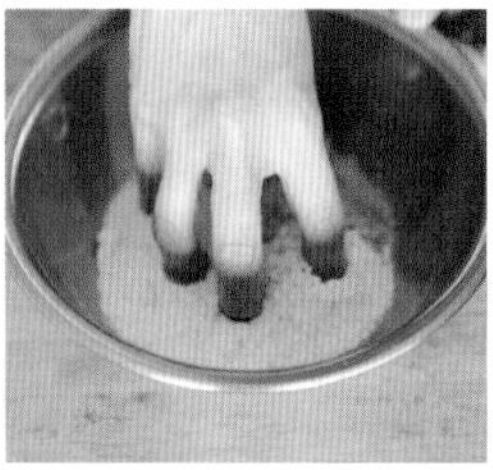

1.

ボウルにAを入れて、５本の指を広げて指先で混ぜる。

2.

1.にオイルを分量よりやや少なめに入れ、指を広げたままぐるぐると混ぜる。まだ粉っぽいようなら、残りのオイルも加える。

3.

指先ですり合わせるようにして、オイルを含んでまとまった部分と含まないサラサラな部分をなじませていく。
※大きいかたまりが好きな方はオイルを増やし、小粒でサラサラなタイプが好きな方はオイルを控えめにするとよい。

4.

完成。

マフィン・カップケーキ・パウンドケーキ・ケーキを美しく作るための小さなコツ

おみやげにも活躍するケーキ類は特に美しく作りたいもの。クラス１（Ｐ８）のマフィンとカップケーキ、クラス３（Ｐ44）のパウンドケーキとケーキに共通の、上手においしく作るコツを紹介します。小さなことですが、以下のことにほんの少し気を配るだけで美しく仕上がります。

! 粉の混ぜ方。

1.

粉をゴムベらで下からすくうようにして落とすをくり返しながら、全体に空気をふくませるようなイメージで均等に混ぜ合わせる。

2.

液体を加えたら、生地を下からすくいあげる。

3.

ゴムベらを返すようにして、持ち上げた生地を落として混ぜる。この時、ボウルも手前に回すとよく混ざる。ここで、ゴムベらで生地をおしつけたりして練らないこと。

粉と水分調整のコツ（スコーン・タルト共通）

レシピの水分量をいっきに粉に入れないこと。

粉に入る液体は、各メーカーの粉の特徴（粉のひき方）やその日の湿度によって異なります。ですから、レシピの液体類は粉類に一度に加えず、1〜2割残して、加え混ぜること。その後、粉がまだまとまらないようなら液体を足していきます。

生地がまとまらない場合。

粉っぽい状態が残り、生地がまとまらなかったら、粉っぽい部分にのみ、小さじ$\frac{1}{2}$ずつくらいの液体（豆乳やオイルなど）を加えて混ぜます。反対に生地がゆるすぎるようなら、粉を大さじ$\frac{1}{2}$くらいずつ加えていきます。できあがりのかたさの目安は、手に生地がべたべたとつかない、耳たぶくらいのやわらかさ。

生地を型に入れるときのコツ

生地をカップ型などの表面積の狭い容器に入れるとき。

1.
やみくもにゴムべらを生地に突っ込まず、端から取っていく。コツは、グッとボウルにゴムべらをつけながらすくうこと。混ぜた生地は、いじるほどにふくらみが悪くなる。

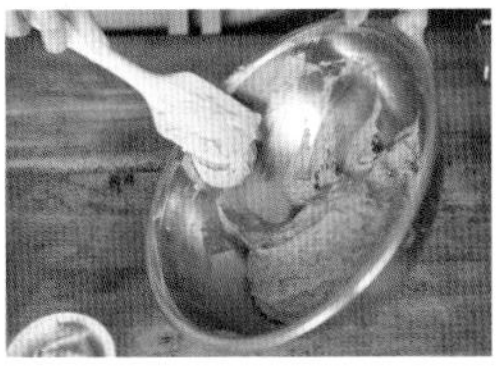

2.
ボウルのふちに取り分けた生地を一度つける。

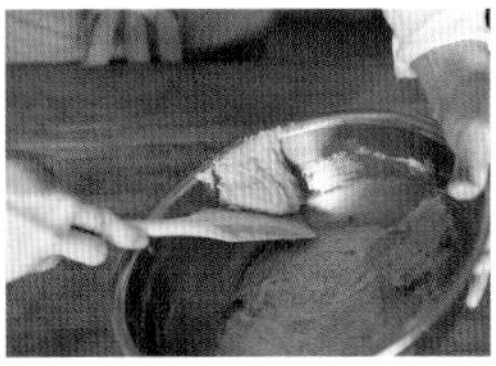

3.
その生地を下からすくう。

4.
ゴムべらから生地を落とすようにして型に入れる。

生地をパウンド型やケーキ型などの表面積の広い容器に入れるとき。

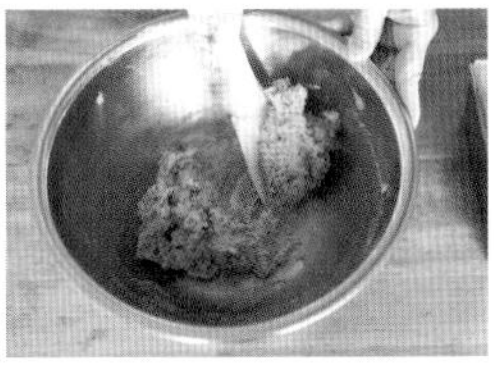

1.
やみくもにゴムべらを生地に突っ込まず、端から取っていく。コツはグッとボウルにゴムべらをつけながらすくうこと。混ぜた生地は、いじるほどにふくらみが悪くなる。

2.
ゴムべらを型の側面に対して平行に入れる。

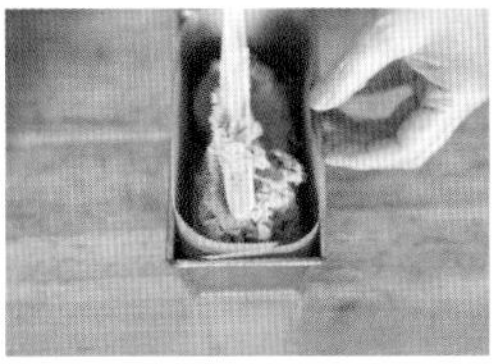

3.
表面をゴムべらの先の方でかるくならす。このとき、ぎゅうぎゅうおしたり、つつきまわすと、生地がふんわりとふくらまないので注意する。

Class1

Muffin & Cupcake & Scone

マフィンとカップケーキとスコーン

全粒薄力粉と薄力粉に豆腐を加え、しっとり仕上げたマフィン。
全粒薄力粉のみで、ベーキングパウダーは少なめにして焼き、
しっとりサクッとした食感もプラスしたカップケーキ。
そして、生地を重ね、層ができるようにして焼く、
さっくり、しっとり食感のスコーン。
この人気の3つのお菓子をレッスンします。

Plain Muffin

プレーンマフィン

→ 作り方 P12

Espresso Muffin

エスプレッソマフィン

→ 作り方 P13

Matcha Muffin

抹茶のマフィン

→ 作り方 P13

プレーンマフィン

ごくシンプルな、小麦粉とてんさい糖の甘みを楽しむためのレシピです。特別な材料は必要ないので、食べたいと思ったとき、すぐに作れます。焼きあがったときにふんわりする秘訣は、生地を混ぜる際に練らないこと。

| 材料 | 直径約5㎝のマフィン型8個分／一般的な直径約7㎝のマフィン型なら6個分

A
- 全粒薄力粉 … 150g
- 薄力粉 … 75g
- アーモンドプードル … 45g
- てんさい糖 … 60g
- ベーキングパウダー … 小さじ2

B
- 木綿豆腐 … 120g
- 植物性オイル … 大さじ5
- メープルシロップ … 大さじ3
- 無調整豆乳 … 100㎖

| 作り方 |

1.

Bの豆腐をキッチンペーパーで包む。ざるとバットを重ねた上にのせ、上から重石をして約30分おき、しっかり水きりする。

2.

ボウルにAの全粒薄力粉、薄力粉をふるい入れる。Aの残りの材料も加え、ゴムべらで均等に混ぜ合わせる。オーブンを180℃に予熱する。

3.

Bの材料をミキサーで、なめらかになるまで撹拌する。

4.

2.のボウルに3.を入れて、ゴムべらで、こねないように、生地を下からすくうようにして、さっくりと混ぜる。

5.

4.を型に入れる。

6.

180℃のオーブンで30～40分、竹串をさして何もついてこない状態まで焼く。

抹茶のマフィン

たっぷりの抹茶と小豆の水煮を入れた和風マフィン。ほろほろの抹茶クランブルをトッピングすることで食感にリズムが生まれ、口の中でより強く抹茶の風味が広がります。

| 材料 | 直径約7cmのマフィン型6個分

基本のクランブルの材料（P6）… 全量
抹茶 … 大さじ1

A
- 全粒薄力粉 … 150g
- 薄力粉 … 75g
- 抹茶 … 大さじ3
- アーモンドプードル … 45g
- てんさい糖 … 60g
- ベーキングパウダー … 小さじ2

B
- 木綿豆腐 … 150g
- 植物性オイル … 大さじ6
- メープルシロップ … 大さじ4
- 無調整豆乳 … 120mℓ

小豆（乾燥）… 1/8カップ

| 作り方 |

1. 小豆は3倍程度の水とともに圧力鍋に入れて中火で20～25分炊き、圧が抜けるまでおく。
2. Bの豆腐をキッチンペーパーで包む。ざるとバットを重ねた上にのせ、上から重石をして約30分おき、しっかり水きりする。
3. 基本のクランブル（P6）の材料に抹茶大さじ1を加えて、抹茶クランブルを作る。作り方は同じ。
4. ボウルにAの全粒薄力粉、薄力粉をふるい入れる。Aの残りの材料も加え、ゴムべらで均等に混ぜ合わせる。オーブンを180℃に予熱する。
5. Bの材料をミキサーで、なめらかになるまで撹拌する。
6. 4.のボウルに5.を入れてゴムべらでこねないようにさっくりと混ぜる。粉っぽさがまだ少し残っている状態で1.の小豆を入れて（煮汁は入れない）、さっと混ぜる。
7. 型に6.を入れ、3.のクランブルをのせる。180℃のオーブンで30～40分、竹串をさして何もついてこない状態まで焼く。

エスプレッソマフィン

ココアにインスタントコーヒー、キャロブチップやレーズンなどを入れ、ビターでリッチな味わいに仕上げました。アーモンドとヘーゼルナッツをトッピングすることで、ナッツのカリカリした食感と香ばしさも加わります。

| 材料 | 直径約7cmのマフィン型6個分

A
- 全粒薄力粉 … 100g
- 薄力粉 … 100g
- アーモンドプードル … 40g
- てんさい糖 … 40g
- 黒糖 … 10g
- 純ココアパウダー … 大さじ1
- インスタントコーヒー粉 … 大さじ4
- ベーキングパウダー … 小さじ2

B
- 木綿豆腐 … 150g
- 植物性オイル … 大さじ6
- メープルシロップ … 大さじ4
- 無調整豆乳 … 100mℓ

C
- アーモンドスライス … 20g
- アーモンド … 20g（粗く刻む）
- ヘーゼルナッツ … 20g（縦半分に切る）
- 米飴 … 大さじ1

キャロブチップ … 25g
レーズン … 25g

| 作り方 |

1. Bの豆腐をキッチンペーパーで包む。ざるとバットを重ねた上にのせ、上から重石をして約30分おき、しっかり水きりする。
2. オーブンを180℃に予熱する。Bはミキサーでなめらかになるまで撹拌する。Cをボウルで混ぜ合わせる。
3. ボウルにAを入れてゴムべらで均等に混ぜ、そこに撹拌したBを加えて、練らないようにさっくりと混ぜ、レーズンも加え混ぜる。
4. 型に3.の生地を5～7割くらい入れたらキャロブチップを入れ、残りの生地をのせる。混ぜたCをのせ、180℃のオーブンで30～40分、竹串をさして何もついてこない状態まで焼く。

memo

キャロブチップとは、いなご豆の粉に、油脂を加えて焼いたもので、マクロビオティックではチョコレートの代用として使うことが多い。キャロブはカカオに比べ脂質が少なく、カルシウムや食物繊維を豊富に含んでいる。

Dried Fruit Muffin

ドライフルーツのマフィン

ドライアプリコットとレーズンをふんだんに入れ、フルーティーに。ドライフルーツをオレンジジュースにつけてやわらかくし、風味をしっかり引き出してから焼きあげるのが、ポイントです。

| 材料 | 直径約7cmのマフィン型6個分

基本のクランブルの材料（P6）… 全量
ココアパウダー … 大さじ1

A
- 全粒薄力粉 … 150g
- 薄力粉 … 75g
- アーモンドプードル … 45g
- てんさい糖 … 60g
- ベーキングパウダー … 小さじ2

B
- 木綿豆腐 … 120g
- 植物性オイル … 大さじ5
- メープルシロップ … 大さじ3
- 無調整豆乳 … 100mℓ

C
- オレンジジュース（果汁100%）… 80mℓ
- ドライアプリコット … 60g
- レーズン … 40g

| 作り方 |

1. Cのドライアプリコットは2cm角に切り、レーズン、オレンジジュースと合わせ、ドライフルーツがやわらかくなるまで約1時間つける（*a*）。
2. Bの豆腐をキッチンペーパーに包み、皿などで重石をして約30分おき、しっかり水きりする。
3. 基本のクランブル（P6）の材料Aにココアパウダーを混ぜて、ココアクランブルを作る。作り方は同じ。
4. ボウルにAの全粒薄力粉、薄力粉をふるい入れる。Aの残りの材料も加え、ゴムべらで均等に混ぜ合わせる。オーブンを180℃に予熱する。
5. Bの材料をミキサーでなめらかに撹拌する（*b*）。2.のドライフルーツがやわらかくなったらざるにあげ（*c*）、残ったジュースとBを合わせる（*d*）。
6. 4.のボウルに5.のジュースと合わせたBを加えて、ゴムべらでさっくりと混ぜる。粉っぽさが少し残っている状態で、ざるにあげたドライフルーツも加え混ぜる。
7. 6.を型に入れ、3.のクランブルをのせて、180℃のオーブンで30〜40分、竹串をさして何もついてこない状態まで焼く。

a *b*

c *d*

Plain Cupcake

プレーンカップケーキ

→作り方 P18

Vanilla Tofu Cream + Strawberry + Pistachio

バニラ豆腐クリーム+いちご+ピスタチオ

→作り方 P19

Raspberry Tofu Cream + Raspberry

ラズベリー豆腐クリーム+ラズベリー

→作り方 P19

Pumpkin Ceam + walnut + Pumpkin seed

かぼちゃクリーム＋クルミ＋かぼちゃの種

→作り方 P19

Cocoa Tofu Cream + banana + Pistachio

ココア豆腐クリーム＋バナナ＋ピスタチオ

→作り方 P19

プレーンカップケーキ

くせのない、軽い食べ心地のカップケーキをご紹介。生地がプレーンだからこそ、トッピングとの相性は選びません。好みで色々楽しんでみてください。

| 材料 | 直径約7cmのカップケーキ型6個分

A
- 全粒薄力粉 … 200g
- アーモンドプードル … 60g
- てんさい糖 … 40g
- ベーキングパウダー … 小さじ1

B
- 無調整豆乳 … 200mℓ
- メープルシロップ … 大さじ2
- 植物性オイル … 大さじ6

| 作り方 |

1.
ボウルにAの全粒薄力粉をふるい入れる。Aの残りの材料も加え、ゴムべらで均等に混ぜ合わせる。オーブンを180℃に予熱する。

2.
Bをよく混ぜ合わせたら、1.のボウルに加える。

3.
ゴムべらで、こねないようにさっくりと混ぜる。

4.
3.を型に入れ、表面をゴムべらで均等にならす。

5.
180℃のオーブンで20～25分、竹串をさして何もついてこない状態まで焼く。粗熱がとれたら、好みのクリームとフルーツをトッピングする。

トッピング例

P16左：バニラ豆腐クリーム＋いちご＋ピスタチオ
P16右：ラズベリー豆腐クリーム＋ラズベリー
P17左：かぼちゃクリーム＋クルミ＋かぼちゃの種
P17右：ココア豆腐クリーム＋バナナ＋ピスタチオ

クリーム6種

カップケーキの上にのせるクリーム6種類をご紹介します。
クリーミーでコクはあれど、しつこくない。
バニラビーンズやフルーツなど豆腐のくせをやわらげる食材と合わせた最高においしいベジクリームです。
見た目の華やかさも、嬉しいポイント。カップケーキとクリームの組み合わせはお好みで、自由に楽しんでくださいね。

湯きり豆腐（共通）

いくつかのクリームに共通する豆腐の下処理です。木綿豆腐を沸騰した湯に入れて、再び沸いてきたら弱火で豆腐が少し揺れている状態にし、約5分ゆでる。ざるにあげ、キッチンペーパーなどで包み、皿などで重石をして30分〜1時間、水けをしっかりきる。

バニラ豆腐クリーム

|材料| 作りやすい分量

無調整豆乳 … 30㎖　バニラビーンズ … 約3㎝　A（湯きり豆腐 … 120〜130g　メープルシロップ … 大さじ2〜3　塩 … ひとつまみ）

|作り方|

1. 無調整豆乳を鍋に入れる。バニラビーンズに縦に切り目を入れ、種をしごき出してさやごと鍋に入れ（a）たら、ひと煮立ちさせて冷ましておく。できれば半日〜1日おくと風味がなじんでおいしい。
2. さやを除いた1.にAを入れて、ミキサーで、なめらかになるまで撹拌する（b）。このクリームは、できれば、ここでも半日〜1日おくと、よりバニラの風味がなじんで、おいしくなる。

a

b

ラズベリー豆腐クリーム

|材料| 作りやすい分量

湯きり豆腐 … 120〜130g　メープルシロップ … 大さじ2〜3　ラズベリー（生でも冷凍でも可）… 40g　塩 … ひとつまみ

|作り方|

すべての材料をミキサーで、なめらかになるまで撹拌して完成。

ブルーベリー豆腐クリーム

|材料| 作りやすい分量

湯きり豆腐 … 120〜130g　メープルシロップ … 大さじ2〜3　ブルーベリー … 50g　塩 … ひとつまみ

|作り方|

すべての材料をミキサーで、なめらかになるまで撹拌して完成。

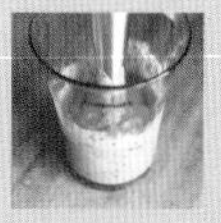

ピスタチオ豆腐クリーム

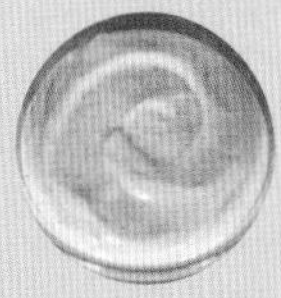

|材料| 作りやすい分量

湯きり豆腐 … 120〜130g　メープルシロップ … 大さじ3　ピスタチオ … 25g　塩 … ひとつまみ

|作り方|

すべての材料をミキサーで、なめらかになるまで撹拌して完成。

ココア豆腐クリーム

|材料| 作りやすい分量

湯きり豆腐 … 120〜130g　メープルシロップ … 大さじ2〜3　ココア … 大さじ1　塩 … ひとつまみ　好みの酒…小さじ1　無調整豆乳…大さじ2

|作り方|

すべての材料をミキサーで、なめらかになるまで撹拌して完成。

かぼちゃクリーム

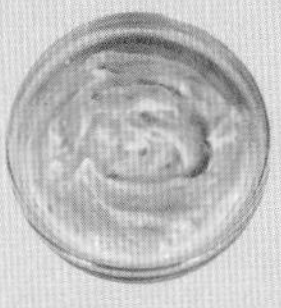

|材料| 作りやすい分量

蒸したかぼちゃ（黄色い部分のみ）… 200g　米飴 … 大さじ2　メープルシロップ … 大さじ1　無調整豆乳 … 60㎖（かぼちゃの水けによって調整する）　塩 … ふたつまみ

|作り方|

すべての材料をミキサーで、なめらかになるまで撹拌して完成。

クリームののせ方

カップケーキの上にクリームをおいしそうにのせるには、スプーン1本あれば十分です。

ぽってりトッピング

スプーンに山盛り1杯クリームをのせて真上から勢いよく一度で落とす。

とろ〜りトッピング

スプーンに1杯分クリームをすくい、中心から、スプーンの背で広げるようにしてのせる。

※クリームは豆腐のもともとのかたさや水きり具合で、やわらかさが微妙に違ってきますので、
かたければ豆乳やメープルシロップで、ゆるければ豆腐を加えて調整してください。

Cocoa Cupcake

ココアカップケーキ

→作り方 P22

Pistachio Tofu Cream + Pistachio

ピスタチオ豆腐クリーム＋ピスタチオ

→作り方 P22

Raspberry Tofu Cream + Strawberry

ラズベリー豆腐クリーム＋いちご

→作り方 P22

Banana Cupcake

バナナカップケーキ

→作り方 P23

Blueberry Tofu Cream + Blueberry

ブルーベリー豆腐クリーム+ブルーベリー

→作り方 P23

Cocoa Tofu Cream + Orange

ココア豆腐クリーム+オレンジ

→作り方 P23

ココアカップケーキ

プレーンカップケーキの材料にココアを加えるだけで、ココアカップケーキに。ほろ苦風味にピスタチオ豆腐クリームを合わせました。もうひとつは、ラズベリー豆腐クリームを。どちらも、色合いの美しい組み合わせです。

| 材料 | 直径約7cmのカップケーキ型6個分

A
- 全粒薄力粉 … 200g
- 純ココア … 大さじ2
- アーモンドプードル … 60g
- てんさい糖 … 40g
- ベーキングパウダー … 小さじ1

B
- 無調整豆乳 … 200mℓ
- メープルシロップ … 大さじ2
- 植物性オイル … 大さじ6

| 作り方 |

1. ボウルにAの全粒薄力粉をふるい入れる。Aの残りの材料も加え、ゴムべらで均等に混ぜ合わせる（ココアにダマがあるようなら、粉と一緒にふるう）。オーブンを180℃に予熱する。
2. Bをよく混ぜ合わせたら、1.のボウルに加えて（a）、ゴムべらで、こねないようにさっくり混ぜ合わせる（b）。
3. 2.を 型に入れ（c）、180℃のオーブンで20～25分、竹串をさして何もついてこない状態まで焼く。粗熱がとれたら、好みのクリームとフルーツをトッピングする。

a

b

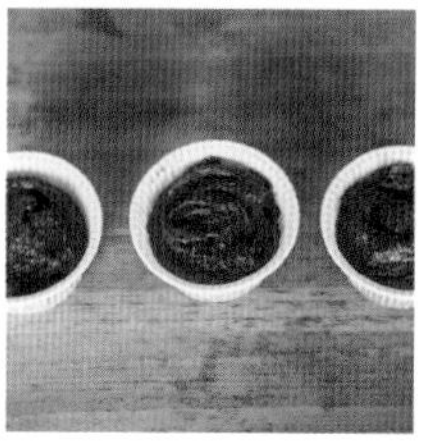

c

トッピング例

P20左：ピスタチオ豆腐クリーム＋ピスタチオ

P20右：ラズベリー豆腐クリーム＋いちご

バナナカップケーキ

つぶしたバナナを混ぜ込んで、バナナカップケーキにアレンジ。バナナはよく熟したものを使ったほうが、甘く、香りも高く、おいしく仕上がります。ブルーベリーやココアなど、相性のよいクリームと合わせました。

| 材料 | 直径約7cmのカップケーキ型6個分

A
- 全粒薄力粉 … 200g
- アーモンドプードル … 60g
- てんさい糖 … 40g
- ベーキングパウダー … 小さじ1

B
- 無調整豆乳 … 150mℓ
- メープルシロップ … 大さじ2
- 植物性オイル … 大さじ6

バナナ … 100g

| 作り方 |

1. ボウルにAの全粒薄力粉をふるい入れる。Aの残りの材料も加え、ゴムべらで均等に混ぜ合わせる。オーブンを180℃に予熱する。
2. バナナをフォークでしっかりつぶす（*a*）。Bをよく混ぜ合わせたら、つぶしたバナナを入れて混ぜる（*b*）。
3. 1.のボウルに2.を加えて、ゴムべらで、こねないようにさっくりと混ぜる。
4. 3.を型に入れる。180℃のオーブンで20〜25分、竹串をさして何もついてこない状態まで焼く。粗熱がとれたら、好みのクリームとフルーツをトッピングする。

トッピング例

P21左：ブルーベリー豆腐クリーム＋ブルーベリー
P21右：ココア豆腐クリーム＋オレンジ

a

b

Mont Blanc

モンブラン

プレーンのカップケーキにモンブランクリームをデコレーションすれば、たちまち、人気のモンブランが完成です。モンブラン用の口金がなければ、スプーンでのせたり、手持ちの口金で代用してもいいでしょう。

| 材料 | 直径約7cmのカップケーキ型6個分

プレーンカップケーキ … 6個（P18参照）

＊モンブランクリーム

栗 … 150g（皮をむいた正味。栗をやわらかく蒸すかゆでるかしたら、半分に切って実を取り出す。なければ甘栗でもよい。）

てんさい糖 … 15g

メープルシロップ … 小さじ2

アガベシロップ … 小さじ1（なければメープルシロップでもよい）

無調整豆乳 … 大さじ2

＊飾り用

栗 … 9個（皮をむいた正味。栗をやわらかく蒸すかゆでるかしたら、半分に切って実を取り出す。なければ甘栗でもよい。）

アーモンド … 9粒

かぼちゃの種 … 24粒

| 作り方 |

1.

モンブランクリームを作る。モンブランクリームの材料をミキサーに入れて、なめらかになるまで撹拌する。栗は温かいほうが撹拌しやすいので、冷えていたら、湯気のたった蒸し器で約5分蒸しなおして温めるとよい。

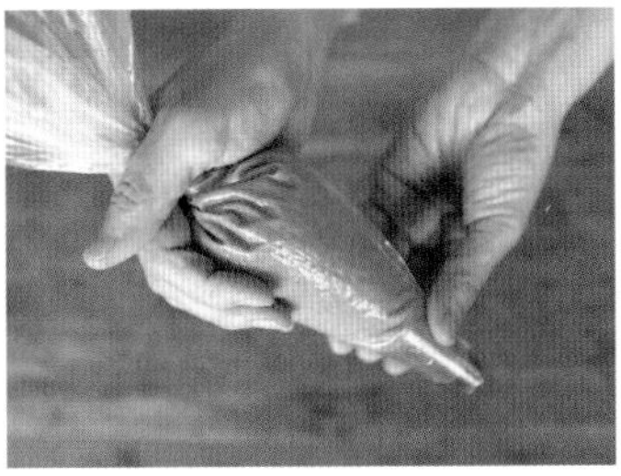

2.

しぼり袋にモンブラン用口金をつけて1.のクリームを詰める。写真のように利き手を上にして袋をねじり、反対の手の親指を口金にそえる。

3.

プレーンカップケーキの上にモンブランクリームをジグザグにのせていく。口金の位置を下にしすぎるとクリームがつぶれてしまい、上にしすぎるとクリームがちぎれてしまうので注意する。

4.

3.のクリームの上にさらにジグザグに絞り出す。飾り用のアーモンドは縦半分に切り、栗とかぼちゃの種とともに飾る。

Plain Scone

プレーンスコーン

スコーンのポイントは、焼きあがったとき、生地が層になっているかどうかです。コツは生地をまとめるときに、練ったり、こねたりしないこと。さらに、ちぎって重ねるときに、おしつけないことにあります。

| 材料 | 約5㎝角のもの6個分

A
- 全粒薄力粉 … 150g
- 薄力粉 … 150g
- てんさい糖 … 80g
- ベーキングパウダー … 小さじ2
- 塩 … ひとつまみ

植物性オイル … 90㎖
無調整豆乳 … 80㎖

| 作り方 |

1.
ボウルにAを入れて指先で均等に混ぜる。オーブンを170～180℃に予熱する。

2.
1.のボウルに植物性オイルを入れて、指先でボウルの中を大きくかきまわす。さらに、大きなダマがほぼなくなるまで手ですり合わせる。

3.
2.に豆乳を加えて、ゴムべらでさっくりと混ぜる。

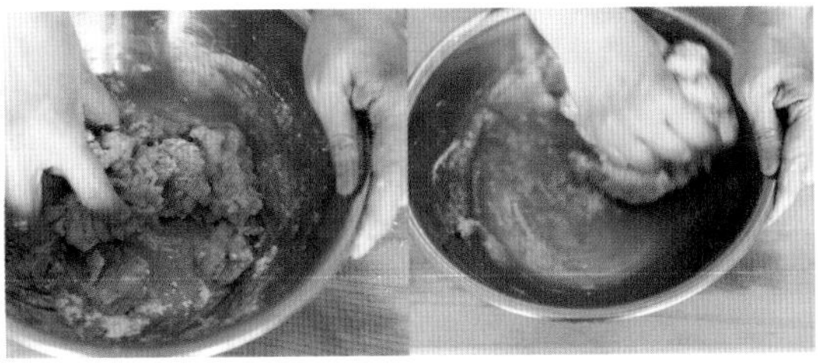

4.
こねないように気をつけながら、手で、ボウルの中の生地をひとまとめにする。このとき、ボウルについた粉を生地でふき取るようなイメージでまとめていくとよい。

5.
生地を半分にちぎっては重ねる、を2～3回くり返す。この作業でスコーンらしい層ができる。

6.
縦約10㎝、横約15㎝、厚さ2.5㎝の四角形にしたら、周囲のたわんだ部分は切り落とし、生地のかたまりの下につける。

7.
6等分に切り分ける。オーブンペーパーを敷いた天板にのせ、170～180℃のオーブンで20～25分焼く。

Lemon Scone

レモンスコーン

→作り方 P30

Adzuki beans Cinnamon Rolls Scone

小豆のシナモンロールスコーン

→作り方 P31

レモンスコーン

プレーンスコーンを華やかにアレンジしました。ここでは、ひとつひとつが同じ大きさになる成形の方法をご紹介します。カジュアルに作りたい場合は「プレーンスコーン」（P.27）の成形の方法を参考にしてください。

| 材料 | 約4×4㎝のもの9個分

A
- 全粒薄力粉 … 150g
- 薄力粉 … 150g
- てんさい糖 … 80g
- ベーキングパウダー … 小さじ2
- 塩 … ひとつまみ

植物性オイル … 90mℓ

B
- 無調整豆乳 … 80mℓ
- レモン果汁 … 大さじ2

C
- クルミ … 30g（粗く砕く）
- レモンの皮のせん切り … 1個分

D
- てんさい糖 … 大さじ2
- レモン果汁 … 小さじ2

ピスタチオ … 適量

| 作り方 |

1.

ボウルにAを入れて指先で均等に混ぜる。そこに植物性オイルを入れて、大きなダマがなくなるまで手ですり合わせる。

2.

1.に混ぜ合わせたB、Cを加えて ゴムベらでこねないように生地を混ぜる。

3.

ボウルについた粉を生地でふき取るようなイメージで、手でまとめていく。

4.

生地を半分にちぎって重ねる、を3回くり返す。この作業でスコーンらしい層ができる。オーブンを170～180℃に予熱する。

5.

ここで全体の重さを量り、9で割った値をメモしておく。生地を3.5㎝厚さの四角に整えたら、周囲のたわんだ部分を切り落とし、9等分する。

6.

1片ずつの重さを量り、5.でメモしていた値になるよう、取り除いておいたたわみを下につける。

7.

天板にオーブンペーパーを敷いて、170～180℃のオーブンで20～25分焼く。

8.

小鍋にDを入れ、泡がふつふつしてくるまで、弱めの中火で煮詰める。火からはずし、少しトロッとするまで混ぜながら冷ます。

9.

8.が蜜のようにねっとりしてきたらスプーンの先で7.のスコーンに手早くかける。ピスタチオを刻んで飾る。

小豆のシナモンロールスコーン

食べごたえのあるさっくりした生地に、あんことクルミ、シナモンを巻き込んだ、スパイシーでエキゾチックな味。あんこは、時間がなければ市販のものでもいいでしょう。

| 材料 | 直径6〜7㎝のもの6個分

A
- 全粒薄力粉 … 100g
- 薄力粉 … 30g
- てんさい糖 … 15g
- ベーキングパウダー … 小さじ2
- 塩 … ひとつまみ

B
- 植物性オイル … 50mℓ
- 無調整豆乳 … 80mℓ
- リンゴ酢 … 小さじ$1\frac{1}{2}$

＊あんこ用

C
- 小豆（乾燥）… $\frac{1}{4}$カップ
- 米飴 … 大さじ2〜3
- 塩 … 少々

米飴 … 大さじ1〜2
てんさい糖 … 大さじ1
シナモン … 小さじ1〜2

クルミ … 30g（粗く砕く）

| 作り方 |

1.
Cの小豆は3倍程度の水とともに圧力鍋で20〜25分炊き、圧が抜けたら米飴を入れて練り、少しやわらかめのあんこに仕上げる。最後に塩をする。

2.
ボウルにAを入れてゴムべらで混ぜ、そこに混ぜ合わせたBを加えて混ぜ、ひとまとめにする。オーブンを180℃に予熱する。

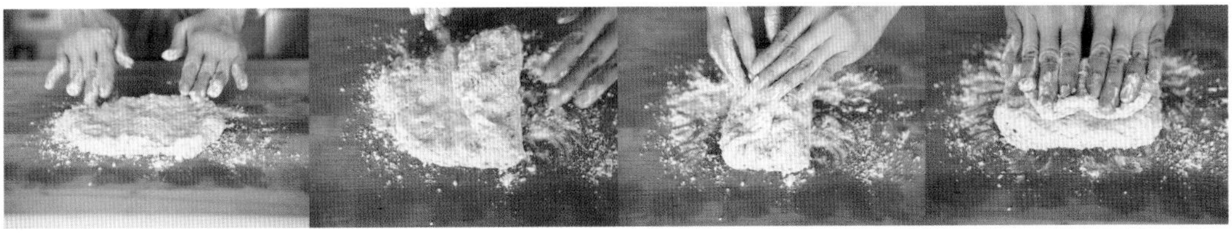

3.
台に薄力粉を少々（分量外）ふり、2.を置いて、5〜6回、左右上下を折り畳む。

4.
3.の生地を麺棒で1㎝厚さの長方形にのばす。

5.
長いほうを横にして、上2㎝程度を残して1.のあんこを広げる。

6.
てんさい糖、シナモン、クルミ、米飴を全体に均等にのせる。

7.
生地の手前から巻き、閉じ目をつまんでしっかりおさえる。

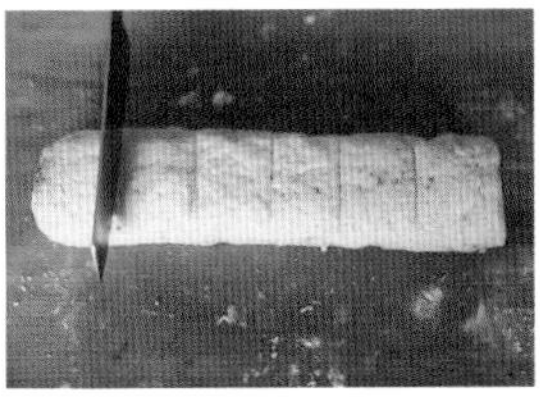

8.
6等分になるよう印をつけてから切る。

9.
切り口を上にして、オーブンペーパーを敷いた天板にのせ、180℃のオーブンで20〜25分焼く。

Jam Scone

ジャムスコーン

円形の生地にジャムをたっぷりはさんでから焼きあげた、ケーキスタイルのスコーンです。間のジャムが生地にしみこんで、フルーティーに、そしてしっとり仕上がります。ジャムはお好きなものを使ってください。

| 材料 | 直径10cmのもの1個分

A
- 全粒粉薄力粉 … 75g
- 薄力粉 … 75g
- てんさい糖 … 40g
- ベーキングパウダー … 小さじ1
- 塩 … ひとつまみ

植物性オイル … 45mℓ
無調整豆乳 … 40mℓ
好みのジャム … 50g
※今回はアプリコットジャムとブルーベリージャムを使って2種類作った。

| 作り方 |

1. ボウルにAを入れて指先で均等に混ぜる。オーブンを170～180℃に予熱する。

2. 1.のボウルに植物性オイルを入れて、指先でボウルの中を大きくかきまわす。さらに、大きなダマがほぼなくなるまで手ですり合わせる。

3. 2.に豆乳を30mℓ程度加えて、ゴムべらでさっくりと混ぜる。

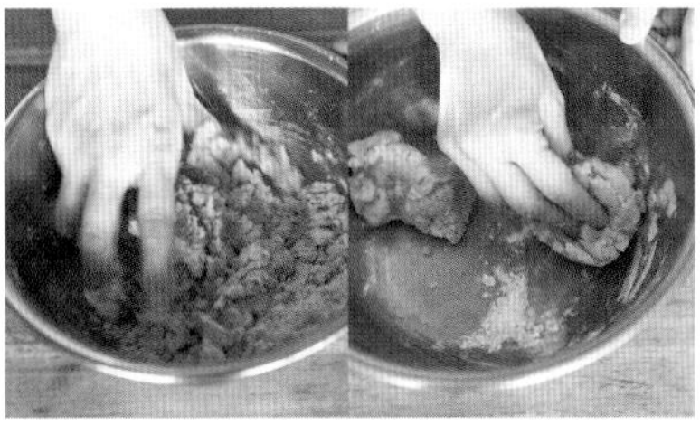

4. こねないように気をつけながら、手で生地をひとまとめにする。粉っぽさが残っていたら、残りの豆乳を少しずつ加える(P7参照)。最後に、ボウルについた粉を生地でふき取るようなイメージで、ひとまとめにする。

5. 台に生地をのせ、直径10cm×厚さ2.5cmの円形に整える。このとき、生地をこねたりしないこと。

6. 半分の厚さのところに包丁を少し入れて一周させ、切り目を入れる。

7. 6.で切り目を入れたところに再度、刃をより深く入れて、上下に切り分ける。包丁を、生地に対して平行にすると、上下均等に分けられる。

8. 1方の生地にジャムをぬり、もう片方の生地ではさむ。

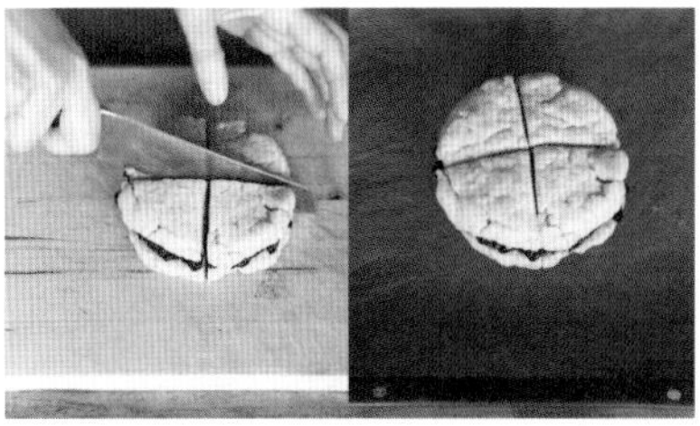

9. 8.を4等分したら、切り離さず、そのままオーブンペーパーを敷いた天板の上にのせ、170～180℃のオーブンで20～25分焼く。

Onion Nuts Scone

オニオンナッツスコーン

玉ねぎの甘みと香りを生かした塩味のスコーンです。おいしく作るコツは、オリーブオイルとあえた玉ねぎをオーブンでローストしてから生地に混ぜ込むこと。そして、複数のナッツを入れて風味と食感を出すことにあります。

| 材料 | 直径4cmのボール形約10個分

A
- 全粒薄力粉 … 150g
- 薄力粉 … 150g
- てんさい糖 … 20g
- 塩 … 小さじ1
- ベーキングパウダー … 小さじ2

オリーブオイル … 90mℓ

玉ねぎ … 1個(250g)

B
- オリーブオイル … 小さじ2
- 塩 … ひとつまみ

無調整豆乳 … 80mℓ

C
- クルミ … 30g(粗く刻む)
- アーモンド … 30g(粗く刻む)
- 殻むきピスタチオ … 20g

| 作り方 |

1. オーブンを180℃に予熱する。玉ねぎは3㎜程度の薄切りにし、Bとあえたら、オーブンペーパーを敷いた天板にのせ180℃のオーブンで10〜15分ローストする。玉ねぎを取り出したあと、オーブンは引き続き170〜180℃で熱しておく。

2. ボウルにAを入れて指先で均等に混ぜたら、オリーブオイルを入れて、指先でボウルの中を大きくかきまわす。さらに、大きなダマがほぼなくなるまで手ですり合わせる。

3. 2.に豆乳を70mℓ程度加えて、ゴムべらで6割程度混ぜる。

4. 3.に1.の玉ねぎとCを加えたら、ゴムべらで生地をこねないように混ぜる。

5. こねないように気をつけながら、手で生地をひとまとめにする。粉っぽさが残っていたら残りの豆乳を少しずつ加える(P7参照)。最後に、ボウルについた粉を生地でふき取るようなイメージでまとめる。

6. 5.の生地を65gずつに分け、オーブンペーパーを敷いた天板にのせていく。

7. 分けた生地をボール状にふわっと整える(このとき、強く握ったり、こねたりすると、生地がかたくなるので注意)。170〜180℃のオーブンで20〜25分焼く。

４種の華やかなタルトをレッスンします。
フィリングを焼き込むタイプと、
フレッシュなフルーツを楽しめるタイプを紹介しましょう。
ポイントはタルト生地。生地を型にしっかりそわせたり、
なじませるなど、その小さなひと手間で
美しく焼きあがります。

Class2

Tarte

タルト

Pear and Raspberry Tarte

洋梨とラズベリーのタルト

→作り方 P41

Pumpkin Tarte

かぼちゃのタルト

→作り方 P41

タルト生地の作り方（全タルト共通・材料は各ページ参照）

｜材料｜18cmのタルト型1台分

A
- 全粒薄力粉 … 70g
- 薄力粉 … 70g
- てんさい糖 … 20g
- 塩 … ひとつまみ

B
- 植物性オイル … 50mℓ
- 無調整豆乳 … 30mℓ

｜作り方｜

1. ボウルにAを入れて、ゴムべらで均等に混ぜ合わせる。

2. 別のボウルにBを入れて、泡立て器でよく混ぜ合わせる。

3. 1.に2.を入れ、ゴムべらで切るようにしながら、練らないように混ぜる。次に手で耳たぶくらいのかたさにまとめる。
※まとまりが悪ければ、粉の部分に豆乳をたらしてまとめる（P7参照）。

4. ボウルのまわりについた粉をふき取るようにしながら、生地をひとまとめにする。このときも練らないこと。

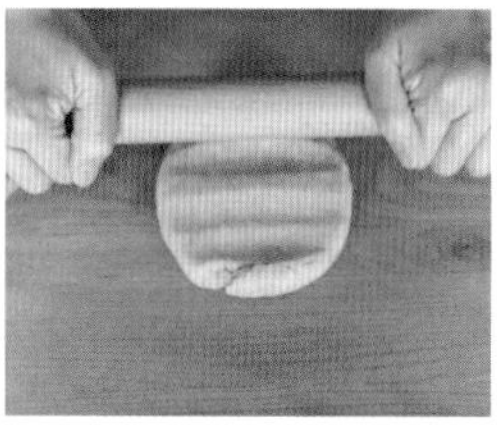

5. 台の上に生地を置き、上から下まで麺棒でおさえながら全体を広げる。

6. 5.の生地を45度ずつまわしながら、麺棒で型よりふたまわりくらい大きい円形にのばす。

NG

※端まで麺棒でのばすと、端が薄くなってしまい、生地の厚さが均等にならず、美しく仕上がらないので、1cmほど残してのばすとよい。

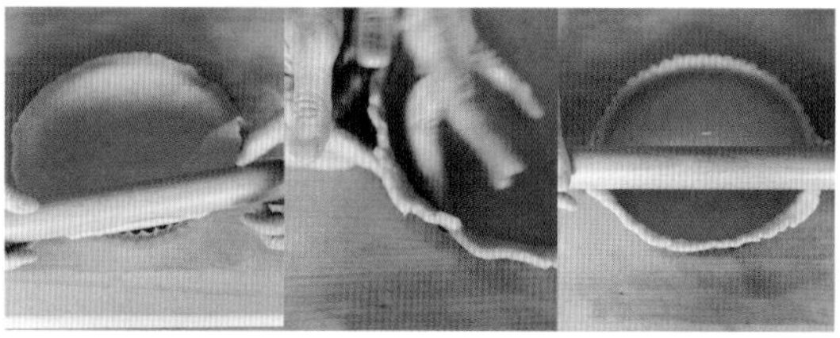

7. 麺棒に生地を巻きつけ、型に生地を敷く。側面と底面を指でおさえて型に生地をなじませる。麺棒を型の上で転がし、余分な生地を落とす。

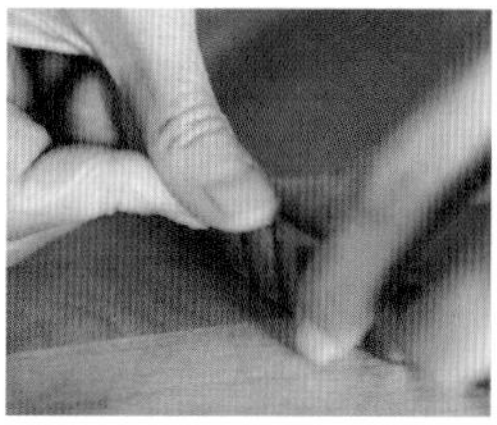

8. 生地の側面を指先でおさえながら、上端もおさえてふちから飛び出ないよう平らにする。このひと作業で、タルトが美しく仕上がる。

9. フォークで底面全体に穴をあけていく。

洋梨とラズベリーのタルト

一見難しそうに見えるタルトですが、実は簡単。フィリングはAとBを
混ぜ合わせてタルト台に流し入れ、あとは洋梨とラズベリーをトッピングして焼くだけです。

| 材料 | 18cmのタルト型1台分

タルト生地の材料（P40参照）… 1台分

＊フィリング

A
- アーモンドプードル … 100g
- 全粒薄力粉 … 20g
- ベーキングパウダー … 小さじ$\frac{2}{3}$
- キャロブチップ（P13参照）… 30g

B
- 植物性オイル … 大さじ1と$\frac{1}{2}$
- メープルシロップ … 大さじ2
- 無調整豆乳 … 大さじ1と$\frac{1}{2}$

洋梨 … 1〜1と$\frac{1}{2}$個
ラズベリー … 10粒
※できれば生、なければ冷凍でも可。

| 作り方 |

1. P40の作り方を参照して、タルト生地を作り、型に敷き、底面全体に穴をあける。
2. ボウルにAを入れて、ゴムべらでよく混ぜる。別のボウルにBを入れてよく混ぜたらAのボウルに加え、ゴムべらでよく混ぜる。オーブンを180℃に予熱する。
3. タルト生地を敷いた型に2.を入れ、ゴムべらで均一にならす（a）。
4. 洋梨を5㎜厚さ程度の薄切りにして3.に並べ入れ、空いたところにラズベリーをのせる（b）。
5. 180℃のオーブンで25〜30分焼く。

a

b

かぼちゃのタルト

タルト台はココア味で、基本の生地のアレンジです。
美しく仕上げるポイントは、かぼちゃの皮を混ぜ込んだフィリングを先に敷くこと。

| 材料 | 18cmのタルト型1台分

＊タルト生地

A
- 全粒薄力粉 … 70g
- 薄力粉 … 70g
- 純ココア … 15g
- てんさい糖 … 30g
- 塩 … 少々

B
- 植物性オイル … 70mℓ
- 無調整豆乳 … 30mℓ

＊フィリング

C
- かぼちゃ … 350g
- てんさい糖 … 25g
- メープルシロップ … 25mℓ
- ジンジャーパウダー … 小さじ$\frac{1}{3}$程度
- シナモン … 小さじ$\frac{1}{3}$程度

D
- アーモンド … 20g
- アーモンドスライス … 15g
- かぼちゃの種 … 15g
- 米飴（はちみつでも可）… 大さじ2

| 作り方 |

1. P40の作り方を参照して、タルト生地を作り、型に敷き、底面全体に穴をあける（a）。170℃に予熱したオーブンで15〜20分焼いて取り出す。オーブンは引き続き180℃に熱しておく。
2. かぼちゃを蒸してやわらかくしたら、皮と黄色い実の部分を分ける。熱いうちに実にCの残りの材料を加え、フォークでつぶしながら混ぜ合わせる。皮は小さく切る。
3. 2.で作った実のほうのフィリングを半量に分け、片方に、皮を全量加えて（b）よく混ぜる。
4. 1.に皮を混ぜたほうのフィリングを先に敷き込み、残りのフィリングをのせて平らにならす。
5. Dを混ぜ（c）、4.の周囲にのせていく（d）。180℃のオーブンで10〜15分焼く。

a

b

c

d

フルーツタルト

ココア風味のフィリングにバニラ風味の豆腐クリームをのせて、フレッシュないちごとみかんをトッピング。
フルーツは、旬のものを選んでください。

| 材料 | 18cmのタルト型1台分

タルト生地の材料（P40参照）… 1台分

＊フィリング

A
- アーモンドプードル … 120g
- 全粒薄力粉 … 30g
- 純ココア … 大さじ2と$\frac{1}{2}$
- ベーキングパウダー … 小さじ1
- 塩 … ひとつまみ

B
- 植物性オイル … 大さじ3
- 無調整豆乳 … 大さじ3
- メープルシロップ … 大さじ3

バニラ豆腐クリーム（P19）… 全量
季節のフルーツ … みかん2個、いちご5〜6粒
殻むきピスタチオ … 適量

| 作り方 |

1. P40を参照してタルト生地を作り、型に敷き、底面全体に穴をあける。オーブンを180℃に予熱する。
2. AとBをそれぞれ混ぜ合わせたら、BをAに加えて混ぜる。1.の型に入れてゴムべらでならす（a）。180℃のオーブンで20〜30分焼き、しっかり冷ます。
3. バニラ豆腐クリームを2.にのせ、ならす（b）。
4. みかんは薄皮をむいて6等分に、いちごはヘタを取り、縦半分に切る。彩りとバランスを見ながら飾る（c）。刻んだピスタチオをクリームのふちに飾る。

a

b

c

バナナとオレンジのタルト

キャロブチップを使ったややビターなフィリングに、バナナとオレンジをのせたフレッシュタルト。
溶かした葛粉と寒天であえたフィリングがきらきらとして美しく、教室でも人気があります。

｜材料｜ 18cmのタルト型1台分

タルト生地の材料 … 1台分

＊フィリング

A
- アーモンドプードル … 80g
- 全粒薄力粉 … 15g
- ベーキングパウダー … 小さじ2/3
- キャロブチップ（P.13参照）… 30g

B
- 植物性オイル … 大さじ1と1/2
- メープルシロップ … 大さじ1と1/2
- 無調整豆乳 … 大さじ1と1/2

バナナ（皮をとって）… 100g
オレンジ … 2個
※上にのせるフルーツは色違いのものを使うと美しい。

C
- オレンジジュース（果汁100%）… 150mℓ
- メープルシロップ … 大さじ1と1/2

葛粉 … 8g
粉寒天 … 小さじ1/2
殻むきピスタチオ … 適量

｜作り方｜

1. P40を参照してタルト生地を作り、型に敷き、底面全体に穴をあける。オーブンを180℃に予熱する。
2. AとBをそれぞれ混ぜ合わせたら､BをAに加えて混ぜる。1.の型に入れてゴムべらでならす。180℃のオーブンで20〜30分焼き、しっかり冷ます。
3. オレンジは薄皮を取り、大きければ斜め半分に切る。バナナは1㎝幅の輪切りにする。
4. 鍋にCを入れて混ぜ、葛粉を加えて溶かし、粉寒天もふり入れて混ぜる。弱めの中火にかけ、沸騰してとろみが出てきたら弱火にして混ぜながら2〜3分煮る（a）。粗熱がとれたら3.を入れて混ぜ（b）、2.にのせ、ピスタチオを飾る。

a

b
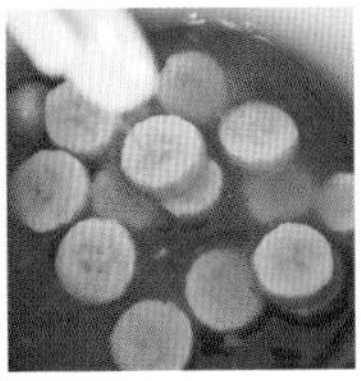

４種のパウンドケーキと５種のケーキをレッスンします。
混ぜて焼くだけの簡単なパウンドケーキはとても人気のある焼き菓子。
教室でも、手みやげや差し入れとして活用している人が多いようです。
よりふわふわの生地に仕上げ、見た目も華やかにしたのがケーキ。
こちらは、ホームパーティーなどでも活躍します。
基本は、混ぜて焼くだけでできるので、難しくありません。

Class3

Pound cake & Cake

パウンドケーキとケーキ

Caramelize Banana and Lemon Pound cake

キャラメリゼバナナとレモンのパウンドケーキ

→作り方 P48

Pumpkin Pound cake

かぼちゃのパウンドケーキ

→作り方 P49

キャラメリゼバナナとレモンのパウンドケーキ

てんさい糖でキャラメリゼしたバナナをどんと丸ごと２本焼き込む、豪快なパウンドケーキ。バナナは、パウンド型いっぱいに入るサイズのものを選ぶといいでしょう。レモンの皮をたっぷり２個分入れて爽やかに仕上げました。

| 材料 | 15×6㎝のパウンド型１台分

A
- 全粒薄力粉 … 50g
- 薄力粉 … 50g
- アーモンドプードル … 30g
- てんさい糖 … 20g
- ベーキングパウダー … 小さじ1

B
- メープルシロップ … 大さじ3
- 植物性オイル … 大さじ2
- 無調整豆乳 … 50㎖

- バナナ … ２本
- てんさい糖 … 大さじ3
- 水 … 大さじ1と½
- レモンの皮のせん切り … ２個分（飾り用含む）
- 殻むきピスタチオ … 適量
- メープルシロップ … 小さじ1

| 作り方 |

1.
型にオーブンペーパーを敷く。オーブンを180℃に予熱する。フライパンに、てんさい糖と水を入れて火にかける。

2.
ふつふつと泡が立ってキャラメル状になったら、皮をむいたバナナを入れ、木べらなどで転がし、キャラメルを全体にかけながら焼く。全体にからまったら火を止める。

3.
Aの全粒薄力粉と薄力粉を合わせてふるう。Aの残りの材料と合わせて、均等に混ぜ合わせる。Bをよく混ぜたら、Aに加える。

4.
レモンの皮のせん切りも加えて（飾り用は少し取り分けておく）、ゴムべらで練らないようにさっくりと混ぜ合わせる。

5.
型に4.の半量を入れ、バナナを1本置く。

6.
残りの4.も入れてゴムべらで平らにならしたら、もう1本のバナナものせ、メープルシロップをふりかける。

7.
180℃のオーブンで30〜35分、竹串をさして何もついてこない状態まで焼く。 焼きあがったら、すぐにレモンの皮のせん切りと刻んだピスタチオをのせる。

かぼちゃのパウンドケーキ

てんさい糖は最小限に抑えて、かぼちゃの甘さを生かして作ります。ほんの少しのスパイスと、香ばしいクルミを生地に混ぜ込むことで、洗練された味と楽しい食感を生み出します。

| 材料 | 15×6cmのパウンド型1台分

かぼちゃ … 100g

A
- 全粒薄力粉 … 50g
- 薄力粉 … 50g
- アーモンドプードル … 30g
- てんさい糖 … 10g
- ベーキングパウダー … 小さじ1
- シナモンパウダー … 小さじ1/4
- (あれば)ナツメグパウダー、クローブ … 各少々

B
- メープルシロップ … 大さじ2
- 植物性オイル … 大さじ1と1/2
- 無調整豆乳 … 50mℓ

クルミ(ローストしたもの)… 30g(粗く砕く)

| 作り方 |

1.

かぼちゃは、蒸してやわらかくしてから皮を取る。皮は2cm角に切る。型にオーブンペーパーを敷く。オーブンを180℃に予熱する。

2.

Aの全粒薄力粉と薄力粉を合わせてふるう。Aの残りの材料と合わせて、均等に混ぜ合わせる。

3.

1.のかぼちゃの実(皮を取り除いた黄色の部分)とBをミキサーで混ぜ合わせる。

4.

2.に3.を加え、さっくりと混ぜる。7割くらい混ざり、まだ粉っぽさが残っている状態でクルミとかぼちゃの皮を加え、さらに、練らないように混ぜる。

5.

4.をゴムべらで型に入れて表面をならしたら、180℃のオーブンで約30分、竹串をさして何もついてこない状態まで焼く。

ココアとピスタチオのパウンドケーキ

コクのあるココア生地に、濃厚なピスタチオクリームと甘栗を加えて焼きあげました。
大人っぽい味のパウンドケーキです。

| 材料 | 24×6㎝のパウンド型1台分

A
- 全粒薄力粉 … 80g
- 純ココア … 15g
- アーモンドプードル … 25g
- てんさい糖 … 20g
- ベーキングパウダー … 小さじ1

B
- メープルシロップ … 大さじ3
- 植物性オイル … 大さじ2
- 無調整豆乳 … 100㎖

C
- 殻むきピスタチオ … 20g（殻をむく）
- メープルシロップ … 大さじ1
- 植物性オイル … 大さじ2
- 無調整豆乳 … 大さじ2
- ベーキングパウダー … 小さじ$\frac{1}{2}$
- アーモンドプードル … 50g

甘栗 … 100g（皮をむいた正味。半分に切る）

| 作り方 |

1. 型にオーブンペーパーを敷く。オーブンを180℃に予熱する。Cのアーモンドプードルとベーキングパウダー以外の材料をミキサーでなめらかになるまで攪拌し、アーモンドプードルとベーキングパウダーを合わせて混ぜる。
2. Aの全粒薄力粉をふるったら、Aの残りの材料を合わせて均等に混ぜる。Aによく混ぜたBを加え、さらに混ぜ合わせる。
3. 2.の$\frac{2}{3}$量を型に入れてならす。1.の混ぜ合せたCをゴムべらなどですくって、上にのせる（a）。
4. 甘栗を間に落としていき（b）、残りの2.をのせ、平らにならす（c）。180℃のオーブンで20～25分焼く。

a

b

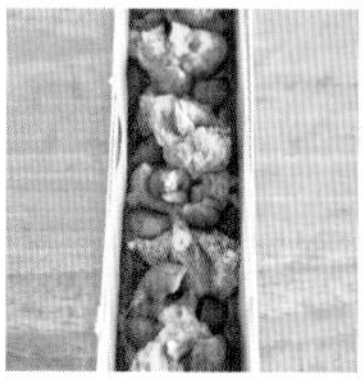

c

りんごのジンジャーパウンドケーキ

たくさんのしょうがのすりおろしを混ぜ込んだ生地に、
りんごとローストしたクルミを加えて焼きあげます。スパイシーな香りが魅力です。

| 材料 | 24×6㎝のパウンド型1台分

りんご … 130〜150g（芯を取った正味）

A
- 全粒薄力粉 … 100g
- アーモンドプードル … 25g
- てんさい糖 … 20g
- ベーキングパウダー … 小さじ1

B
- メープルシロップ … 大さじ3
- 植物性オイル … 大さじ1と$\frac{1}{2}$
- 無調整豆乳 … 40mℓ
- しょうがのすりおろし … 60g

クルミ（ローストしたもの）… 20g（粗く砕く）
メープルシロップ … 約大さじ1
殻むきピスタチオ … 適量

| 作り方 |

1. りんごは3㎝厚さほどのくし形に切り、さらに3㎜厚さ程度の薄切りにする（*a*）。飾り用に20枚くらい取り分けておく。型にオーブンペーパーを敷く。オーブンを180℃に予熱する。
2. Aの全粒薄力粉をふるったら、Aの残りの材料を合わせて均等に混ぜる。Aによく混ぜたBを加え、さっくりと混ぜ合わせる。
3. 7割くらい混ざり、まだ粉っぽさが残っている状態のところに、クルミと1.のりんごを混ぜる。
4. 3.を型に入れて平らにならしたら、飾り用のりんごを中心に一列にのせ、メープルシロップをその上からかける。
5. 180℃のオーブンで約25分焼く。焼きあがったらすぐに、刻んだピスタチオを飾る。

a

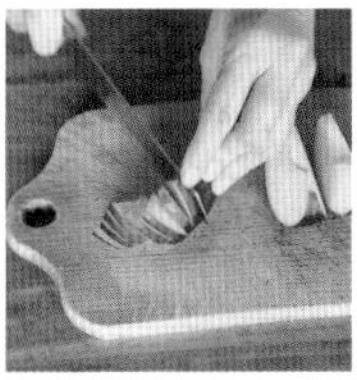

小松菜と抹茶のケーキ

生の小松菜をミキシングして作るスクエアケーキです。
ごまの香り豊かなクランブルと小松菜の風味がほどよくマッチします。

| 材料 | 縦18×横18cmの角型1台分

A
- 全粒薄力粉 … 50g
- 薄力粉 … 150g
- アーモンドプードル … 60g
- てんさい糖 … 30g
- 抹茶 … 小さじ2
- ベーキングパウダー … 小さじ2

B
- 無調整豆乳 … 180mℓ
- 小松菜 … 100g
- メープルシロップ … 大さじ6
- 植物性オイル … 大さじ4

基本のクランブル（P 6）… 2倍量
黒ごま … 大さじ1

| 作り方 |

1. 基本のクランブル（P 6）の材料の2倍量に、黒ごまを混ぜ合わせ、クランブルを作る。作り方は同じ。
2. 型にオーブンペーパーを敷く。オーブンを180℃に予熱する。 ボウルにAの全粒薄力粉と薄力粉をふるい、Aの残りの材料と混ぜ合わせる。
3. 別のボウルにBを入れ（a）、ミキサーでよく混ぜ合わせる（b）。
4. 2.のボウルに3.を加え入れ、ゴムべらで、こねないようにさっくりと混ぜ合わせたら、型に入れる。
5. 4.に1.を散らして（c）、180℃のオーブンで30～40分焼く。

a

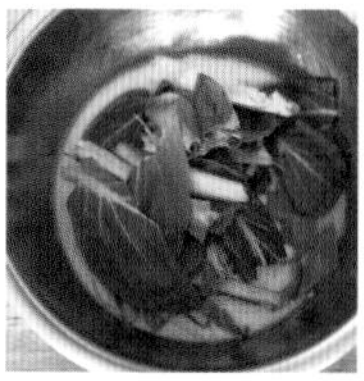

b

c

キャロットケーキ　カシューナッツのチーズ風クリーム添え

にんじんは、すりおろしとせん切りの両方を入れることで香りも歯ごたえもアップ。
カシューナッツをふんだんに使ったチーズ風味のコクのあるクリームを添えます。

| 材料 | 縦18×横18cmの角型1台分

A
- 全粉薄力粉 … 100g
- 薄力粉 … 50g
- アーモンドプードル … 100g
- てんさい糖 … 40g
- ベーキングパウダー … 小さじ2
- シナモンパウダー … 小さじ1

B
- 無調整豆乳 … 70mℓ
- 木綿豆腐 … 100g
- メープルシロップ … 大さじ4
- 植物性オイル … 大さじ3

C
- にんじんのすりおろし … 60g
- にんじんのせん切り … 75g
- レーズン … 45g
- クルミ … 30g（ローストして粗く砕く）

キャロブチップ（P13参照）… 30g

＊カシューナッツのチーズ風クリーム

D
- カシューナッツ … 75g（約2時間水でふやかす）
- ココナッツミルク … 30mℓ
- レモン果汁 … 30mℓ
- 無調整豆乳 … 25mℓ
- メープルシロップ … 25mℓ

| 作り方 |

1. 豆腐をキッチンペーパーに包み、皿などで重石をして約30分おき、しっかり水きりする。オーブンを180℃に予熱する。型にオーブンペーパーを敷く。
2. Aの全粒薄力粉と薄力粉をふるい、Aの残りの材料と混ぜ合わせる。Bはミキサーでなめらかになるまで撹拌する。AにBを加え、さっくりと混ぜ合わせる。このとき、練らないようにする。
3. 2.に粉っぽさが残る状態でCを入れて混ぜる（a）。
4. 型に、キャロブチップを均等に散らす（b）。そこに3.の生地を入れてゴムべらで平らにならす（c）。
5. 180℃のオーブンで40〜50分焼く。Dをミキサーでなめらかにする。ケーキが冷めたら切り分けて、クリームをそえる。

a

b

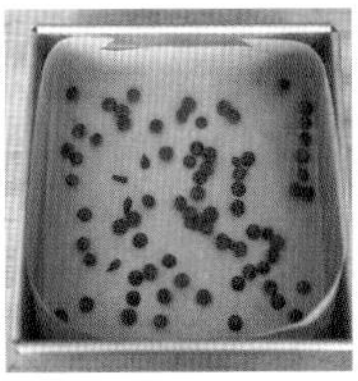

c

Fig Upside-Down Cake

いちじくのアップサイドダウンケーキ

いちじくのおいしい時季になったら、ぜひ作っていただきたいケーキです。いちじくの果汁がしっとり染み込んだケーキは絶品です。いちじくは皮をむかずに焼き込んでください。

| 材料 | 直径18cmの丸型1台分

いちじく … 4〜5個
米飴 … 大さじ2
メープルシロップ … 大さじ2

A
- 全粒薄力粉 … 100g
- 薄力粉 … 100g
- アーモンドプードル … 80g
- てんさい糖 … 30g
- ベーキングパウダー … 小さじ2
- シナモン … 小さじ1と1/2

B
- 植物性オイル … 大さじ6
- メープルシロップ … 大さじ4
- 木綿豆腐 … 150g
- 無調整豆乳 … 100mℓ

クルミ（ローストしたもの）… 50g（粗く砕く）
ピスタチオ … 適量

| 作り方 |

1.

型の底と側面にオーブンペーパーを敷いておく。オーブンは180℃に予熱する。いちじくは1cm厚さの輪切りにする。Bの豆腐をキッチンペーパーに包み重石をして約30分おき、水きりする。

2.

フライパンに植物性オイル少々（分量外）を入れて火にかけ、いちじくを並べる。焼き色がついたら裏に返し、米飴とメープルシロップをまわし入れ、全体にいきわたらせる。強火にして水分を飛ばす。

3.

2.を1.の型に敷き詰める。

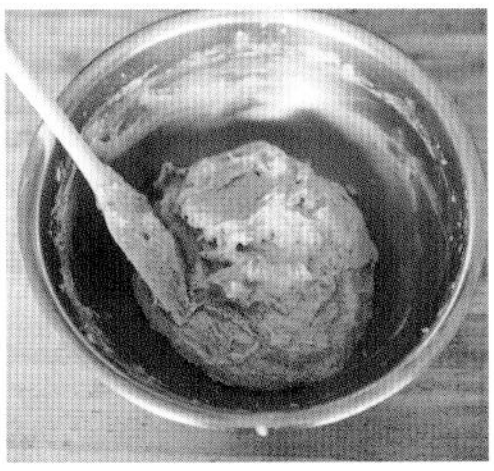

4.

Aの全粒薄力粉と薄力粉をふるい、Aの残りの材料と混ぜ合わせる。Bはミキサーでなめらかになるまで撹拌する。AにBを加え、さっくりと混ぜ合わせる。クルミも加えてさらに、混ぜ合わせる。このとき、練らないようにする。

5.

4.の生地を3.の型に入れ、ゴムべらで平らにならす。180℃のオーブンで、竹串をさして何もついてこなくなるまで、30〜40分焼く。粗熱がとれたら、型を逆さにして皿に移す。冷めたらふちに刻んだピスタチオを飾る。

Fruits Scoop Cake

フルーツスコップケーキ

→作り方 P58

Strawberry Cocoa Scoop Cake

いちごのココアスコップケーキ

→作り方 P59

フルーツスコップケーキ

季節のフルーツをふんだんに使ったスポンジケーキです。型からすくって取り分けるスコップケーキタイプなので、クリームやフルーツの盛り付けも簡単。ケーキ作り初心者の方でも気軽に作れます。

| 材料 | 縦14×横14×高さ5cmの型1台

A
- 全粒薄力粉 … 25g
- 薄力粉 … 90g
- アーモンドプードル … 30g
- てんさい糖 … 10g
- ベーキングパウダー … 小さじ1

B
- メープルシロップ … 大さじ3
- 植物性オイル … 大さじ2
- 無調整豆乳 … 90mℓ

＊バニラ豆腐クリーム
- 無調整豆乳 … 40mℓ
- バニラビーンズ … 1/4本（さやから種をかき出す）
- 木綿豆腐 … 300g（湯きりする。P12参照）
- メープルシロップ … 大さじ4〜5
- 塩 … 少々

ブルーベリー … 10粒
オレンジ … 2個
キウイフルーツ … 1個
バナナ … 1/2本
ミント … 3〜4枝

| 作り方 |

1. オーブンを180℃に予熱する。型にオーブンペーパーを敷く。ボウルにAの全粒薄力粉と薄力粉をふるい入れ、Aの残りの材料も加えて、ゴムべらで混ぜる。Bを泡立て器で混ぜる。AにBを加え入れてゴムべらでさっくり混ぜる。

2. 型に1.の生地を入れて生地が均等な厚さになるように表面をならす。ならすときはゴムべらで軽くなでるように。強くこするようにゴムべらを動かすと、生地が移動するだけでいつまでもなめらかにならないので注意。

3. 2.を180℃のオーブンで20分焼く。竹串を生地の端から中心に向けてさし、生地がついてこなければよい。ついてくるようなら、もう少し、様子をみながら焼く。型から出して、ケーキクーラーの上で粗熱をとる。

4. バニラ豆腐クリームを作る。作り方はP19参照。

5. オレンジは皮をむいたら、房の薄皮の内側に包丁を入れ、実を切り離す。実を半分に切る

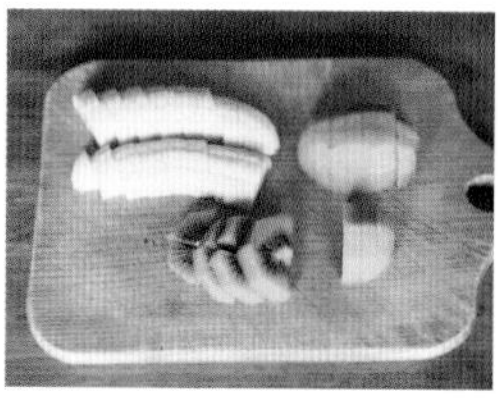

6. キウイは皮をむいて5mm厚さのいちょう切りに、バナナは5mm厚さの半月切りにする。

7. 3.のオーブンペーパーをはがし、頭のふくらんだ部分を切る（ここは使わない）。残った生地の半分の厚さのところに包丁を少し入れて一周させ、切り目を入れる。切り目に再度、より深く刃を入れて、上下に切り分ける。包丁を、ケーキと平行にすると均等の厚さに切り分けられる。

8. 型に7.のケーキを1枚戻し入れて4.のバニラ豆腐クリームを半量ぬる。バナナ全量とオレンジとキウイフルーツを1/3量ずつのせる。

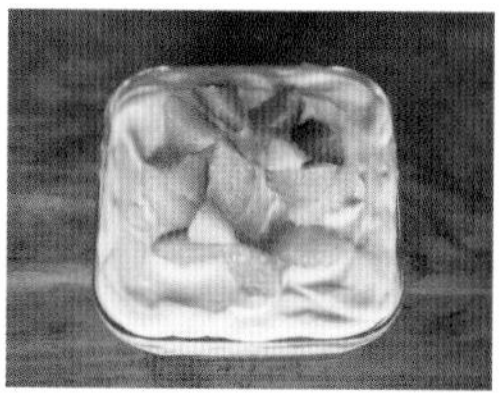

9. 8.のフルーツの上に薄くバニラ豆腐クリームをぬり、もう1枚のケーキをのせ、残りのクリームをぬる。残りのフルーツとブルーベリーとミントの葉をあしらう。

いちごのココアスコップケーキ

ココア味のスポンジケーキに、ココア豆腐クリーム、さらにいちごとバナナもたっぷり使った贅沢なケーキです。初めて食べた方は、「植物性食材だけで、ここまで濃厚な味わいに仕上げられるの？」と驚かれることも多いレシピ。

| 材料 | 縦14×横14×高さ5cmの型1台

A
- 全粒薄力粉 … 50g
- 薄力粉 … 50g
- ココアパウダー … 20g
- アーモンドプードル … 30g
- てんさい糖 … 10g
- ベーキングパウダー … 小さじ1

B
- メープルシロップ … 大さじ3
- 植物性オイル … 大さじ2
- 無調整豆乳 … 90mℓ

＊ココア豆腐クリーム
- 無調整豆乳 … 50mℓ
- 木綿豆腐 … 300g（湯きりする。P12参照）
- ココア … 大さじ2と$\frac{1}{2}$
- メープルシロップ … 大さじ3
- 塩 … 少々

- いちご … 12〜15粒
- バナナ … $\frac{1}{2}$本
- ラズベリー … 8粒
- ミント … 3〜4枝

| 作り方 |

1. オーブンを180℃に予熱する。型にオーブンペーパーを敷く。ボウルにAの全粒薄力粉と薄力粉をふるい入れ、Aの残りの材料も加えてゴムべらで均等に混ぜる。Bを泡立て器で混ぜ合わせる。AにBを加え入れてゴムべらでさっくりと混ぜる。

2. 型に2.の生地を入れて表面をならす。180℃のオーブンで20分焼く。竹串を生地の端から中心に向けてさし、生地がついてこなければよい。ついてくるようなら、もう少し、様子をみながら焼く。型から出して、ケーキクーラーの上で粗熱をとる。

3. ココア豆腐クリームを作る。作り方はP19参照。

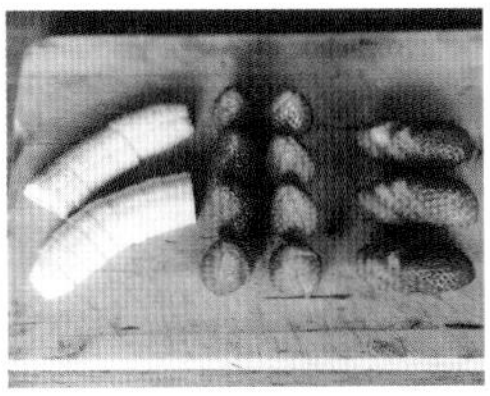

4. いちご8粒は大きいものは縦4等分、小さければ半分に切る。残りは2mm厚さの薄切りにする。バナナは5mm厚さの半月切りにする。

5. 2.のオーブンペーパーをはがし、頭のふくらんだ部分を切る（ここは使わない）。残ったケーキの半分の厚さのところに包丁を少し入れて一周させ、切り目を入れる。切り目に再度、より深く刃を入れて、上下に切り分ける。包丁を、ケーキと平行にすると均等の厚さに切り分けられる。

6. 型に5.のケーキを1枚戻し入れて3.のココア豆腐クリームを半量ぬる。

7. 6.の上にバナナ全量と薄切りにしたいちごをのせる。

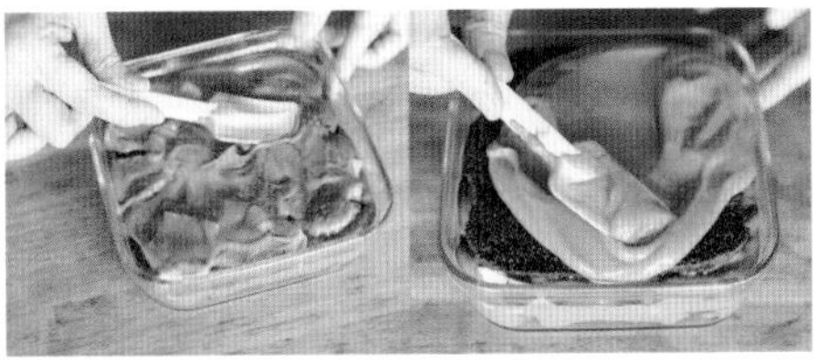

8. 7.のフルーツの上に薄くココア豆腐クリームをぬり、もう1枚のケーキをのせ、残りのクリームをぬる。

9. 8.の上に、縦に切ったいちごとラズベリーとミントを飾る。

Class4

Cookie

クッキー

型なしで作れる簡単なものから、かわいい型抜きクッキー、
さらにフロランタンやひと口サイズのものまで、
色々なタイプのクッキー8種類をレッスンします。
特別な道具なしでも作れるものが多いので、
お菓子作り初心者さんは
クッキーからトライしてみてもいいかもしれません。

Two Types Sablé

2種のサブレ ＜紅茶レーズンとカモミールレモン＞

紅茶の茶葉とレーズン、そしてカモミールとレモンの皮のすりおろしを生地に混ぜ込んだ2種のサブレ。型も特別な道具もいらない初心者向きのクッキーですが、大人っぽい味わいです。

| 材料 | 直径3㎝のもの約20枚分

A
- 全粒薄力粉 … 160g
- アーモンドプードル … 30g
- てんさい糖 … 40g
- ベーキングパウダー … 小さじ1/2

＊紅茶レーズン用（20枚分）

- 紅茶（アッサム）… 大さじ2（細かくする）
  ※茶葉の細かいティーバッグのものを使うとよい。
- レーズン … 20g（細かく刻む）

＊カモミールレモン用（20枚分）

- ハーブティー（カモミール）… 大さじ1
  ※茶葉の細かいティーバッグのものを使うとよい。
- レモンの皮のすりおろし … 大さじ2

B
- 植物性オイル … 70mℓ
  （あればココナッツオイルでも）
- メープルシロップ … 30mℓ
- 無調整豆乳 … 40mℓ

| 作り方 |

1.
ボウルにAを入れて、ゴムべらなどで均等に混ぜる。

＊紅茶レーズン

or

＊カモミールレモン

2.
1.に紅茶レーズン、またはカモミールレモンの材料を加えて、混ぜ合わせる。

3.
よく混ぜたBを加えて、ゴムべらで縦に切るように、さっくりと混ぜ、ひとまとめにする。

4.
生地を2等分して台の上に置き、それぞれ直径2.5〜3㎝×長さ20㎝の棒状にする。

5.
ラップの上に4.を置いてしっかりくるみ（両端をねじってほどけないようにする）、冷蔵庫で約1時間冷やす。オーブンを180℃に予熱する。

6.
5.を1㎝厚さに切り、オーブンペーパーを敷いた天板に並べて180℃のオーブンで15〜20分焼く。
※生地は切ると多少形が崩れるので、切った断面は触らずに側面だけを丸く整えましょう。

Peanut Butter Cookie

ピーナッツバタークッキー

作っているときも、できあがったときも楽しい型抜きクッキーです。焼きあがったクッキーでジャムをはさむと、ピーナッツの風味とあいまって、さらにおいしくなります。型がない場合は、包丁で好きな形に切ってもいいでしょう。

| 材料 | 作りやすい分量

A
- 全粒薄力粉 … 100g
- てんさい糖 … 10g
- 塩 … 小さじ1/8

B
- ピーナッツバター … 70g
- 植物性オイル … 大さじ2
- メープルシロップ … 大さじ2

好みのジャム（今回はラズベリージャム）… 適量

| 作り方 |

1.

AとBをそれぞれ混ぜ合わせたら、AにBを加える。

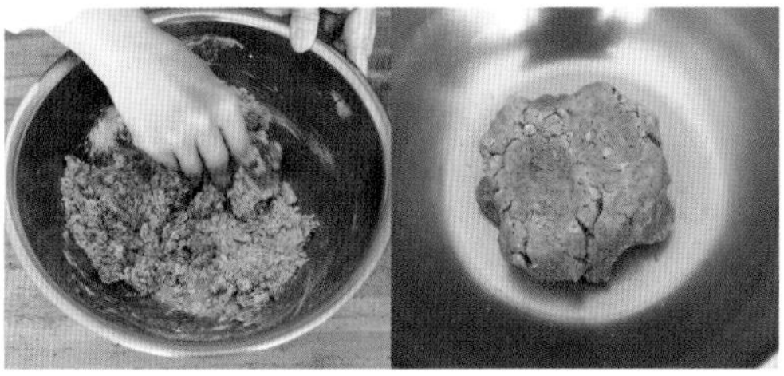

2.

1.をゴムべらでざっと混ぜ合わせたら、手でひとまとめにする。このとき練らないこと。耳たぶくらいのかたさにする。

※水けが足りなくてまとまらない場合は、豆乳（分量外）を少しずつ粉の部分にたすとよい。

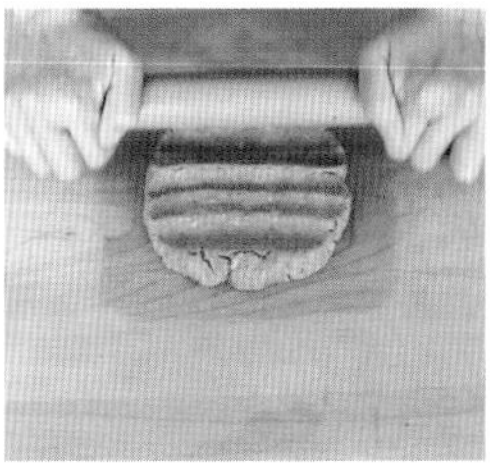

3.

オーブンを170℃に予熱する。台の上に生地を置き、上から下まで麺棒でおさえながら全体を広げる。

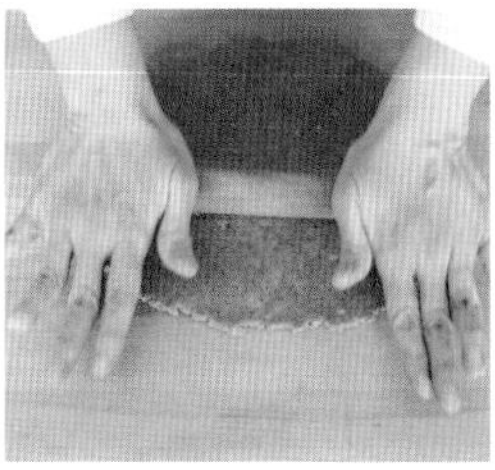

4.

3.を、麺棒で3㎜厚さにのばす。

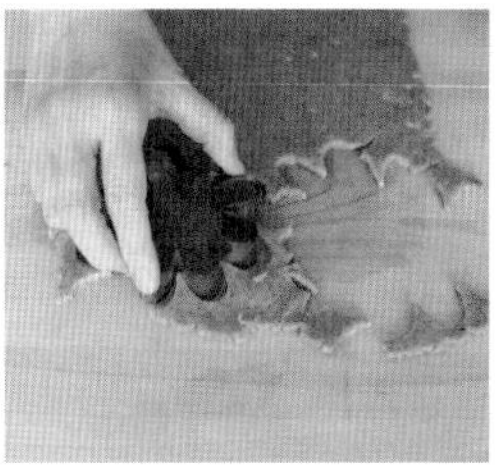

5.

のばした生地を好みの型で抜く。型がなければ、包丁で好きな形に切ってもよい。

6.

オーブンペーパーを敷いた天板に5.をのせ、170℃のオーブンで12〜15分焼く。冷めたらジャムをぬってはさむ。

オートミールとローズマリーのクッキー

ぷちぷちした歯ごたえが楽しいオートミールと生のローズマリーを焼き込んだ、少し塩けの強いクッキーは、
白ワインにもよく合うスタイリッシュな味です。

| 材料 | 直径4㎝のもの約40～45枚

A
- 全粒薄力粉 … 100g
- オートミール … 80g
- てんさい糖 … 30g
- ベーキングパウダー … 小さじ1/2
- 塩 … 小さじ1
- クルミ … 30g（粗く刻む）
- ローズマリー（生）… 大さじ1と1/2（細かく刻む）

B
- 植物性オイル … 70mℓ
- メープルシロップ … 30mℓ
- 無調整豆乳 … 40mℓ

| 作り方 |

1. オーブンを180℃に予熱する。ボウルにAを入れて（a）、均等に混ぜる。
2. よく混ぜたBを1.に加えて、さらに、ざっと混ぜ合わせる（b）。
3. オーブンペーパーを敷いた天板に、2.をティースプーン山盛り1杯ずつ落とし、直径4～5㎝くらいの円になるよう指を使って薄くのばす（c）。
4. 180℃のオーブンで約15分、全体がきつね色になるまで焼く。

a

b

c

マカダミアナッツのジンジャークッキー

マカダミアナッツの香りと食感を楽しむためのコツは、マカダミアナッツをあえて粗く刻むこと。
後味に残るしょうがの風味も魅力です。

| 材料 | 直径3.5㎝のもの約30〜35枚

A
- 全粒薄力粉 … 80g
- 薄力粉 … 80g
- てんさい糖 … 25g
- アーモンドプードル … 50g
- ベーキングパウダー … 小さじ1
- 塩 … ひとつまみ

B
- 植物性オイル … 大さじ4
- メープルシロップ … 大さじ4
- 無調整豆乳 … 大さじ2
- しょうがのすりおろし … 大さじ2

マカダミアナッツ（粗く刻む）… 100g

| 作り方 |

1. オーブンを170℃に予熱する。AとBをそれぞれよく混ぜ合わせたら、AにBを加えて、ゴムべらで練らないようにさっくり混ぜる。
2. まだ粉っぽさが残ってるところでマカダミアナッツを加えて、さっくり混ぜ合わせる（a）
3. オーブンペーパーを敷いた天板に、ティースプーン山盛り1杯程度の生地を落とし（b）、指先で3㎜程度の厚さに丸く平たく成形する。手に生地がつくようなら指に水を少しつけると扱いやすくなる。（c）。
4. 170℃のオーブンで、触ってカリッとするまで12〜15分焼く。

a

b

c

Sesame Florentin
Two Types Florentin
Coconut florentin

2種のフロランタン ＜ごまフロランタンとココナッツフロランタン＞

2種のフロランタンの生地は同じです。ごまフロランタンは、白ごまと黒ごまの両方を入れています。くどくならないよう白ごまを多く配合しているところがポイントです。ココナッツフロランタンは、どこか南国風の味わいです。

| 材料 | 18cmの角型1台分

A
- 全粒薄力粉 … 90g
- 薄力粉 … 90g
- てんさい糖 … 30g

B
- 植物性オイル … 65mℓ
- メープルシロップ … 15mℓ
- 無調整豆乳 … 35mℓ

C
- 米飴 … 大さじ2と1/2
- メープルシロップ … 大さじ2と1/2
- 無調整豆乳 … 大さじ1と1/2
- 植物性オイル … 大さじ1と1/2

＊ごまフロランタン
- アーモンドスライス … 60g
- 白ごま … 大さじ1と1/2
- 黒ごま … 大さじ1

＊ココナッツフロランタン
- ココナッツ … 70g
- アーモンドスライス … 60g

| 作り方 |

1. オーブンを180℃に予熱する。AとBをそれぞれ混ぜたら、AにBを加えてゴムべらでさっくり混ぜる。

2. 次に、手でひとまとめにする。ボウルの側面についた生地をふき取るようにしてまとめていくとよい。

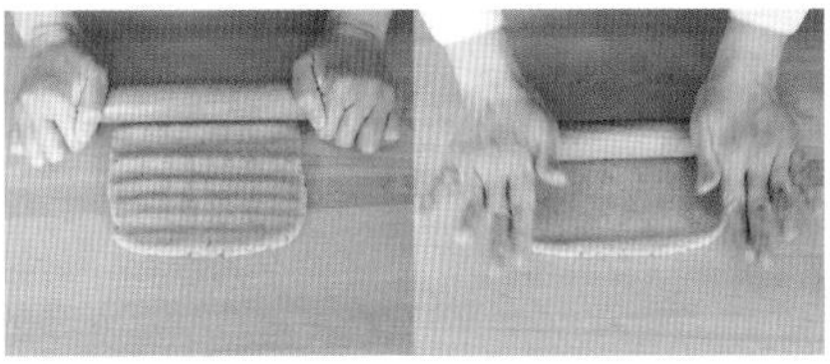

3. 2.の生地を台の上に置き、四角く成形したら、上から下まで麺棒でおさえながら全体を広げる。さらに18×18cmにのばす。

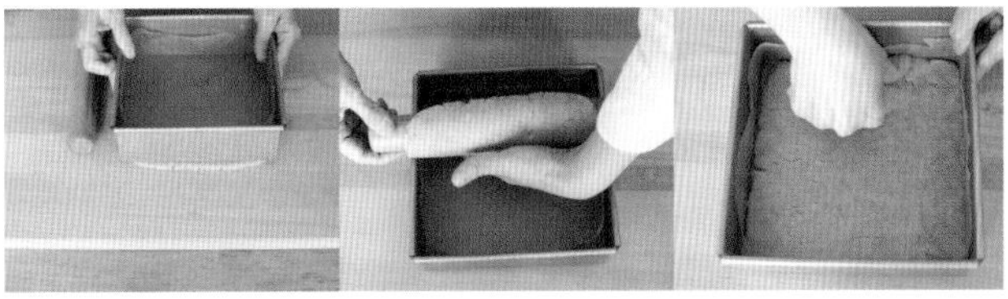

4. 型にオーブンペーパーを敷く。生地の上に型をのせ大きさを確認したら、麺棒に生地をかけて、型に敷き、底面と側面の継ぎ目を指でおさえて型になじませる。

5. フォークで底面全体に穴をあける。180℃のオーブンで約20分、表面にかるく焦げ目がつく程度まで焼く。

6. 鍋にCを入れて中火にかけ、ふつふつと泡が立ってきたら約1分、そのまま混ぜながら加熱する。

＊ごまフロランタン

or

＊ココナッツフロランタン

7. 6.にごまフロランタンかココナッツフロランタンの材料を入れて、混ぜ合わせる。

8. 5.に7.を入れて平らにならす。180℃のオーブンで、全体がきつね色になるまで15～20分焼く。

Cocoa ball sand cookie

ココアボールサンドクッキー

「roof」のお菓子クラスでも特に人気のレシピです。カリッとした軽い食感の小さなボールクッキーで、キャロブをサンドします。ナッツの種類はお好みでどうぞ。ピスタチオは、グリーンが映えて美しいですよ。

| 材料 | 約直径1cmのペア18～20個分

ナッツ類（クルミ、ピスタチオ、アーモンド）… 合わせて30g

A
- 全粒薄力粉 … 50g
- ココア … 8g
- てんさい糖 … 15g
- ベーキングパウダー … 小さじ1/8

B
- 植物性オイル … 大さじ2
- 無調整豆乳 … 大さじ2

キャロブチップ（P13参照）… 20～30g

| 作り方 |

1.

ナッツ類は細かく刻んでおく。ただし、ピスタチオはやや粗めに刻む（あまり細かいとグリーンが見えなくなってしまう）。ボウルにAと刻んだナッツ類を入れ、ゴムべらでよく混ぜる。

2.

1.に、よく混ぜ合わせたBを入れて、ゴムべらで混ぜてひとまとめにする。オーブンは180℃に予熱する。

3.

2.の生地を1個3～4gに丸める。このとき、底は平らにする。オーブンペーパーを敷いた天板に並べ、180℃のオーブンで8～10分焼き、粗熱をとる。

4.

小さなボウルにキャロブチップを入れて、湯煎にかけて溶かす。

5.

3.のクッキーの底に4.をつけ、クッキーどうしをくっつける。キャロブがかたまるまでしばらくおく。

Class5

Cocotte Dessert

ココットデザート

ココット型さえあればできるココットデザートです。混ぜて型に流し入れて焼いたら完成という手軽なものばかりで、教室でも人気があります。どれも、焼きたての熱々も、冷めて味がなじんでからでもおいしいので、あれこれ食べ比べてみてくださいね。

Flan Cocotte

フラン風ココット

フランとはスペイン語でプリンのこと。ここで紹介するのは、一般的なプリンに欠かせない卵や牛乳を使わずに作れる、プリン風デザートです。カシューナッツとバニラビーンズでコクと風味をだしました。酸味の強いフルーツやジャムを添えてもおいしくいただけます。

| 材料 | 縦9×高さ6cmの楕円型約3個分

A
- 木綿豆腐 … 150g（湯きりする。P12参照）
- 植物性オイル … 大さじ2
- アガベシロップ … 大さじ4
- メープルシロップ … 大さじ2
- カシューナッツ … 40g（水に入れて20分ほどふやかしておく）

無調整豆乳 … 150mℓ
バニラビーンズ … 3〜4cm
全粒薄力粉 … 大さじ1
てんさい糖 … 小さじ1と1/2
（好みで）フルーツやジャム … 適量

| 作り方 |

1.
オーブンを170℃に予熱する。Aをミキサーでなめらかになるまで撹拌する。

2.
バニラビーンズのさやから種を取り出し、小鍋に豆乳とともに、さやごと入れる。沸騰直前まで温める。

3.
ボウルに1.を入れて全粒薄力粉をふるい入れて混ぜる。2.をを加えてゴムべらでさらに混ぜる。

4.
3.をこす。

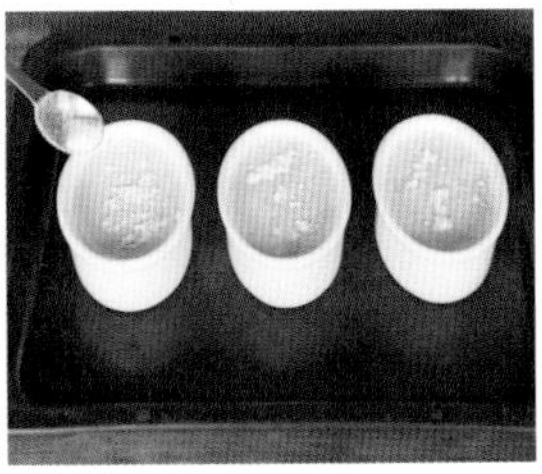

5.
ココット型に4.を入れ、てんさい糖をふる。170℃のオーブンで15〜20分焼く。好みでフルーツやジャムを添えてもよい。

ココアとラズベリーのココットケーキ

しっかり水きりした豆腐と湯煎焼きで、しっとりした食感を出しました。
型抜きする必要もなく簡単に作れるところもポイントです。

| 材料 | 直径6㎝のココット型6個分

A
- 全粒薄力粉 … 60g
- 純ココア … 40g
- てんさい糖 … 45g
- ベーキングパウダー … 小さじ1と2/1
- 塩 … ひとつまみ

B
- 水きりした木綿豆腐 … 50g
  ※豆腐をキッチンペーパーに包み、皿などで重石をして約30分おき、しっかり水きりする。
- 植物性オイル … 40㎖
- 無調整豆乳 … 100㎖

キャロブチップ（P.13参照）… 20g
ラズベリー … 30粒

| 作り方 |

1. オーブンを170度に予熱する。Bをミキサーでなめらかになるまで撹拌する。
2. Aの全粒薄力粉をふるってからAの他の材料と混ぜ合わせる。
3. 2.を1.に加えてゴムべらで混ぜ、キャロブチップも加え合わせる。
4. ココット型に3.を入れて、ラズベリーを中に入れこむ（a）。このときバターナイフなどでそっとおしこむと、生地がつぶれずに美しく焼きあがる。
5. 天板に4.をのせ、湯を下から1㎝ほどの高さまで張り（b）、170度のオーブンで約15分焼く。

a

b

さつまいもと洋梨のプディング

さつまいもにみずみずしく香り豊かな洋梨を加えたココットデザートです。
さつまいもは蒸してから焼きあげます。

| 材料 | 直径6㎝のココット型6個分

A
- さつまいも … 300g
- 洋梨 … 160g
- てんさい糖 … 小さじ2
- メープルシロップ … 大さじ2
- 無調整豆乳 … 大さじ2
- ココナッツミルク … 大さじ4

洋梨 … 60g（ココット型1個に約10g）
（好みで）さつまいもチップス … 12枚

| 作り方 |

1. Aのさつまいもは竹串がスッと通るまで蒸して、熱いうちに皮ごとつぶす。Aの洋梨は皮をむいて芯を取る。オーブンを180℃に予熱する。
2. 1.のさつまいもと洋梨とAの残りの材料をミキサーでなめらかになるまで撹拌する。
3. 残りの洋梨の皮をむいて芯を取る。1㎝角に切りココット型に入れる。ココットの上から2.を入れる（a）。表面をならす。
4. 180℃のオーブンで15分焼く。好みでさつまいもチップスをのせる。

a

Apple and Berry Cobbler

りんごとベリーのコブラー

コブラーとは、フルーツの上に生地をのせて焼いた焼き菓子のこと。アメリカの家庭で好まれるスイーツです。このレシピでは、フルーツに葛粉をからめて焼くことで果汁がとろりとするので、上にのせた生地とよくなじんでおいしくいただけます。

| 材料 | 直径6cmのココット型3個分

りんご … 1個
いちご … 9粒
ラズベリー … 9粒

葛粉 … 大さじ½
水 … 30mℓ

A
- 全粒薄力粉 … 10g
- 薄力粉 … 10g
- アーモンドプードル … 10g
- てんさい糖 … 10g

B
- ココナッツオイル … 大さじ½
- 無調整豆乳 … 大さじ½

C
- てんさい糖 … 小さじ2
- メープルシロップ … 大さじ1
- レモン果汁 … 大さじ1

| 作り方 |

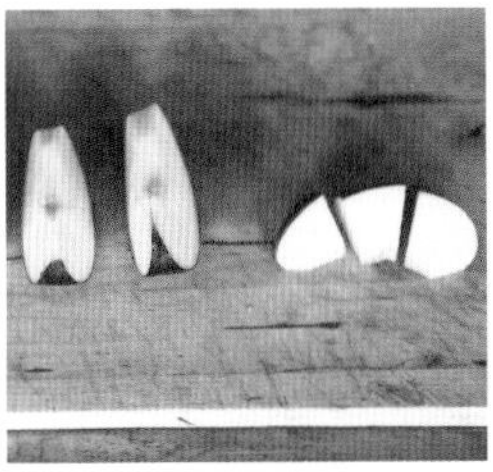

1. オーブンを180℃に予熱する。りんごは芯を取り、8等分のくし形に切ったら、さらに3等分にする。いちごはへたを取って、縦半分に切る。

2. 鍋に大さじ2くらいの水（分量外）を入れて沸騰したら、1.のりんごを入れ1分ほど煮る。Cを入れ、ひと混ぜしてふたをしめ、中火で2〜3分煮る。

3. 分量の水で溶いた葛粉をまわし入れ、1.のいちご半量を加えたら火を少し弱めて混ぜる。いちごから水分が出てきたら残りのいちごとラズベリーも加えて、ひと混ぜしたら、すぐ火を止める。

4. 3.をココット型に入れる。

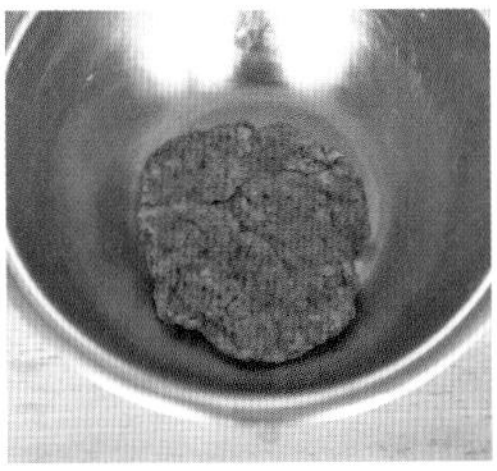

5. AとBをそれぞれ混ぜ合わせたら、AにBを入れてゴムべらで混ぜてひとまとめにする。

6. 5.の生地ひと口大くらい取ったら1㎜厚さに薄くのばし、4.のココットの上にのせる。大きさはそれぞれ違ってよい。180℃のオーブンで10〜15分焼く。

この本で使った基本の道具

型

それぞれのお菓子に最適な型を使っていますが、共用できるもの、代用できるものもあります。たとえば、カップケーキ型でマフィンを作ってもいいですし、クッキーも抜き型がなければ包丁で切ってもいいでしょう。また、型のサイズが多少違っても作れますので、まったく同じサイズがないからといって作るのをあきらめないでくださいね。異なるサイズの型を使う場合は、オーブンをのぞきながら、焼き時間を調整しましょう。

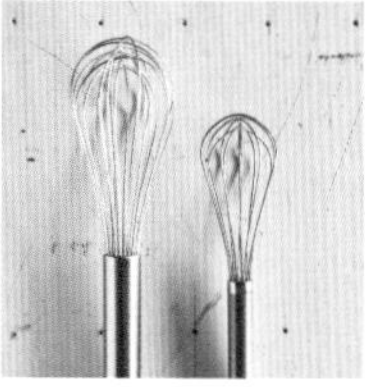

泡立て器

粉類や液体を混ぜます。

ボウル

粉類を混ぜるもの、液体を混ぜるものと最低2つは用意しておきましょう。また、その他の材料を混ぜるために小さめのボウルもあると便利です。

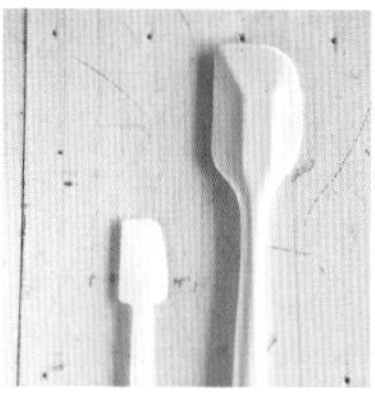

ゴムべら

粉類や生地を混ぜるのに使います。少量の材料を混ぜるのに小サイズも用意しておくと便利です。

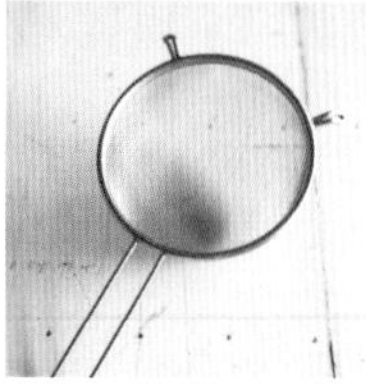

粉ふるい

粉類をふるうのに使います。本書に粉をふるうと書いてあるのにふるわないと、生地にダマができてしまい、火の通りがムラになってしまいます。

電子スケール

ボウルをのせたら0gにセットし、そこへレシピの分量どおりに材料を入れていけば、洗いものが増えずアナログタイプに比べてストレスフリー。

計量スプーン

液体を量ります。大さじ、小さじとも必須の道具。

計量カップ

液体の分量を計量します。

麺棒

スコーンの生地やタルトの生地をのばすときに使います。

オーブンペーパー

型や天板に敷くオーブンペーパーですが、本書では、無漂白のものを使用しています。

この本で使った基本の材料

薄力粉

国産の小麦粉を使用。「地粉」とは国産の小麦粉のこと。「地粉」とだけ書いてあるものは、中力粉のことが多いので、必ず「薄力粉」と書いてあるものを選んで。自然食品店や製菓材料店などで購入可能。

全粒薄力粉

国産の全粒薄力粉を使用。全粒粉とは、ふすまなどを含む精成していない小麦粉のことで、玄米の小麦粉版といえます。自然食品店や製菓材料店などで購入可能。

アーモンドプードル

アーモンドパウダーともいい、アーモンドを粉末状にしたものです。本書では生地をしっとり仕上げ、かつコクを出すために多くのレシピで使用しています。

アルミニウムフリーのベーキングパウダー

アルミニウム不使用の「ラム・フォード・ベーキングパウダー」を使用しています。パッケージに「アルミニウムフリー」とあるものを選ぶこと。自然食品店や製菓材料店で購入可能。

植物性オイル

ヴィーガンの焼き菓子におすすめのオイルは、香りや味にくせのない植物性オイルです。私は、最近、酸化しにくく、価格も手頃で、手にも入りやすい「米油」を使っていますが、他には「グレープシードオイル」や「太白ごま油」、「なたね油」などでもいいでしょう。

無調整豆乳

調整豆乳ではなく、無調整の豆乳を使用。大豆固形成分9％以上程度のものが理想。パッケージに「豆腐が作れる」などと書いてある濃厚なものはくせが強すぎるのでお菓子作りには向きません。大手スーパーなどで購入可。

有機のナッツやドライフルーツ

ナッツ類やドライフルーツは、なるべく有機栽培のものを使用しましょう。酸化防止剤などにも注意。スーパーなどで売られているレーズンを使う場合は、オイルコーティングされているので、ぬるま湯でサッと洗いましょう。

てんさい糖

砂糖大根から作られた甘味料。整腸作用のあるオリゴ糖を含んでいます。また、血糖値の上昇がゆるやかで、体への負担が少ないのも特徴です。大手スーパーなどで購入可能。

米飴

米を麦芽で糖化させる、伝統的な製法で作られた甘味料。吸収がゆるやかで体への負担もかるい。自然食品店やネットショップなどで購入可能。なければ、味は変わりますが、はちみつで置き換えて作ってもいいでしょう。

メープルシロップ

サトウカエデの樹液を煮詰めて濃縮させた天然甘味料で香りとコクが魅力。血糖値を上げにくくミネラルも豊富です。原材料に砂糖が入っているものではなく、純粋メープルシロップを使用してください。大手スーパーなどで購入可能。

アガベシロップ

メキシコ産リュウゼツラン科の植物から採れる甘味料。血糖値上昇が穏やかで、体への負担が少ないことから最近人気です。さらっとした味。メープルシロップに置き換えてもいいですが、もちろんお菓子の味わいは変わります。

パウンドケーキの本を出版させていただいてから何度となく、パウンドケーキ以外のお菓子の本はないの？ と聞かれることがありました。
そんなふうに思ってくださっている方々に、ようやく、この本をお届けすることができて、とても嬉しく思っています。
出版社様をはじめ、関わってくださったスタッフの皆様には、こんなに素敵な本に仕上げていただき、感謝の念に堪えません。とても素晴らしい方々とこの本を作ることができ、お礼申し上げます。今回は、私も個人的に大好きな器作家の長峰菜穂子様と「うつわノート」様にも全面協力いただき、このかわいらしく素敵な世界観に力をそえていただきました。ありがとうございました。

植物性の材料で作るお菓子は、身体にも負担が少なく、優しいのが特徴です。ただ、今回はすべて焼き菓子なので、毎日たくさん食べると身体と心が陽性化（締まり過ぎる）してしまうので、食べすぎには注意してくださいね。

たくさんの方に、このレシピと植物性の材料で作るお菓子のおいしさとやさしさをお届けすることができたらいいなと思っています。

今井ようこ

PROFILE

今井ようこ
いまい・ようこ

東京都・深川生まれ。辻製菓専門学校卒業後、株式会社サザビー入社。「アフタヌーンティー・ティールーム」の商品企画・開発を担当。退社後フリーになり、「KIHACHI」のソフトクリームやパティスリーのアドバイザー兼商品開発、また他企業やカフェの商品・メニュー開発などを行う。友人の病気をきっかけにマクロビオティックに興味を持ち「ORGANIC BASE」で学ぶ。現在、野菜料理とヴィーガンお菓子の教室「roof」を主宰。華やかで、おしゃれな料理やお菓子の数々は大人気。特に、卵やバターなどを使わずともおいしく仕上がる焼き菓子のレシピには定評がある。
K II 認定マクロビオティック・クッキングインストラクター。
著書に『バター・卵なしのやさしいパウンドケーキ Steamed&Baked』、共著に『卵・バター・生クリーム・チーズをつかわないタルトとキッシュ』（以上、小社刊）ほか多数。
ホームページ「roof」 http://www.roof-kitchen.jp/

Staff
装丁／釜内由紀江
本文デザイン／鳥沢智沙（sunshine bird graphic）
撮影／宮濱祐美子
スタイリング／佐々木カナコ
調理アシスタント／磯ふみ
編集／斯波朝子（オフィスCuddle）

撮影協力
◎ギャラリーうつわノート
住所　埼玉県川越市小仙波町1-7-6
電話　049-298-8715
HP　http://utsuwa-note.com

◎長峰菜穂子
HP　http://senrowaki.com/nao

本書の内容に関するお問い合わせは、お手紙かメール（jitsuyou@kawade.co.jp）にて承ります。恐縮ですが、お電話でのお問い合わせはご遠慮くださいますようお願いいたします。

卵・乳製品・白砂糖をつかわない
やさしいヴィーガン焼き菓子

2014年 5月30日　初版発行
2020年10月20日　改訂新版初版印刷
2020年10月30日　改訂新版初版発行

著者　今井ようこ
発行者　小野寺優
発行所　株式会社河出書房新社
〒151-0051　東京都渋谷区千駄ヶ谷2-32-2
電話　03-3404-1201（営業）
03-3404-8611（編集）
http://www.kawade.co.jp/

印刷・製本　図書印刷株式会社

Printed in Japan
ISBN 978-4-309-28834-5

●本書は、小社刊行『卵・乳製品・白砂糖をつかわない　roofのやさしい焼き菓子教室』（2014年5月）を一部改訂し、改題・新装したものです。